DK TOP 10

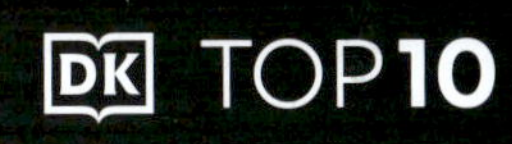

# DUBROVNIK
## & DALMATINISCHE KÜSTE

ROBIN & JENNY MCKELVIE

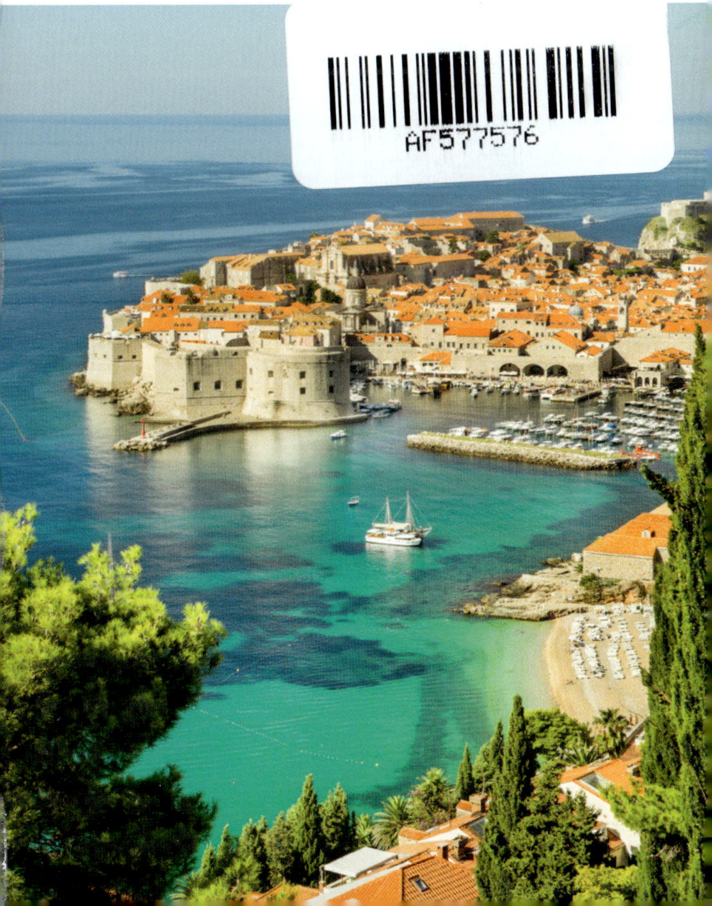

AF577576

DK | Penguin Random House

## Highlights

## Themen

# Inhalt

## Dubrovnik & Küstenregionen

## Reise-Infos



Die TOP10-Listen in diesem Buch sind nicht nach Rängen oder Qualität geordnet. Alle zehn Einträge sind in den Augen des Herausgebers von gleicher Bedeutung.

**Umschlag Vorderseite, Buchrücken & Titelseite** Blick auf die Altstadt von Dubrovnik
**Umschlag Rückseite, im Uhrzeigersinn von links oben** Insel Vis, Katherdrale Sv. Duje in Split, Dubrovnik bei Sonnenuntergang, Straße in der Altstadt von Dubrovnik

**Die Informationen in diesem TOP10-Reiseführer werden regelmäßig aktualisiert.**

Angaben wie Telefonnummern, Öffnungszeiten, Adressen, Preise und Fahrpläne können sich jedoch ändern. Der Verlag kann für fehlerhafte oder veraltete Angaben nicht haftbar gemacht werden. Für Hinweise, Verbesserungsvorschläge und Korrekturen ist der Verlag dankbar. Bitte richten Sie Ihr Schreiben an:


Dorling Kindersley Verlag GmbH
Redaktion Reiseführer
Arnulfstraße 124 • 80636 München
reise@dk.com

# Willkommen in Dubrovnik & an der dalmatinischen Küste

**Die mächtigen Stadtmauern sieht man schon von Weitem, wenn man sich vom Meer aus Dubrovnik, einer der schönsten Städte im Mittelmeerraum, nähert. Die buchtenreiche dalmatinische Küste säumen historische Häfen sowie wunderschöne Inseln und Eilande, die nur eine kurze Fahrt mit der Fähre vom Festland entfernt liegen. Entdecken Sie mit diesem Reiseführer die »Perle der Adria«.**

In der von einer mächtigen **Stadtmauer** umgebenen Altstadt von Dubrovnik sind unzählige Sehenswürdigkeiten zu bestaunen, beispielsweise der prächtige **Rektorenpalast**, das **Franziskanerkloster**, der **Stradun** und eindrucksvolle Renaissancebauten, die selbst in den Seitenstraßen zu finden sind. Eine enorme Bandbreite von Bars und Restaurants, darunter vielleicht die besten ganz Kroatiens, finden sich in den atmosphärischen Gassen dieser mittelalterlichen Stadt, die sich keinesfalls altbacken und verschlafen gibt, sondern zeitgemäß und lebendig ist.

Nordwestlich von Dubrovnik wartet die quirlige Hafenstadt **Split**, einst Rückzugsort von Kaiser Diokletian, dessen gewaltiger Palast die Altstadt dominiert. Zahlreiche Fähren verbinden Split mit den dalmatinischen Inseln **Hvar**, **Korčula** und **Vis**, wo schicke Clubs, herrliche Olivenhaine und viele Strände warten. Das kristallklare Meer ist ein wahres Paradies zum Schwimmen, Schnorcheln oder Kajakfahren.

Ob Sie nun Dubrovnik und die dalmatinische Küste für eine ganze Woche oder nur für ein Wochenende besuchen möchten, dieser TOP**10**-Reiseführer wird Ihr hilfreicher Begleiter für die Erkundung von Bauwerken, Stränden und Weinen sein. Praktische Spaziergänge, anregende Fotos und detailreiche Karten helfen, die wichtigsten Sehenswürdigkeiten zu besichtigen. **Viel Spaß mit diesem Buch und viel Vergnügen in Dubrovnik und an der dalmatinischen Küste**.

Im Uhrzeigersinn von oben: **Bucht bei Hvar-Stadt, Löwenskulptur am Portal der Kathedrale Sv. Lovre in Trogir, Alter Hafen von Dubrovnik, Orebić, Spitze aus Dubrovnik, Neretva-Delta, einladendes Straßencafé in Dubrovnik**

# Dubrovnik & die dalmatinische Küste entdecken

**Dubrovnik und Dalmatien sind bekannt für historische Sehenswürdigkeiten und atemberaubend schöne Landschaften. Viele Attraktionen lassen sich auf einer Zwei- oder Sieben-Tages-Tour entdecken.**

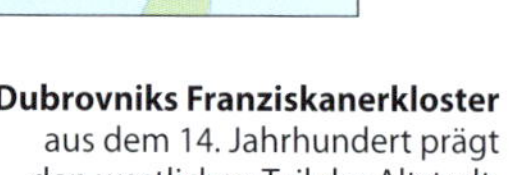

**Dubrovniks Franziskanerkloster** aus dem 14. Jahrhundert prägt den westlichen Teil der Altstadt.

## Zwei Tage in Dubrovnik

### Tag ❶

**Vormittags**

Beginnen Sie mit einem Rundgang auf der **Stadtmauer** *(siehe S. 12f)*, die einen fantastischen Blick auf die Altstadt bietet. Im Anschluss gehen Sie auf dem **Stradun** *(siehe S. 14f)* spazieren, Dubrovniks Flaniermeile.

**Nachmittags**

Besuchen Sie den imposanten **Rektorenpalast** *(siehe S. 18f)*, einst der Regierungssitz der Republik Ragusa. Schlendern Sie dann durch das stimmungsvolle Viertel **Pustijerna** *(siehe S. 70)*.

### Tag ❷

**Vormittags**

Bewundern Sie Renaissance-Kunstwerke im **Franziskanerkloster** *(siehe S. 16f)*, bevor Sie die Seilbahn zum **Srđ** *(siehe S. 71)* nehmen, um den grandiosen Ausblick zu genießen.

**Nachmittags**

Eine Bootsfahrt zur Insel **Lokrum** *(siehe S. 20f)* versetzt Sie in eine ferne Welt mit schönen Gärten und Küstenpfaden. Wieder zurück in Dubrovnik besichtigen Sie das **Museum für Moderne Kunst** *(siehe S. 67)*.

## Sieben Tage in Dalmatien

### Tag ❶

Wie Tag eins der Zwei-Tages-Tour in Dubrovnik.

### Tag ❷

Verbringen Sie den Vormittag auf **Lokrum** *(siehe S. 20f)*, einer reizenden Insel mit üppiger Vegetation und

**Die Kathedrale Sv. Stjepan** dominiert den von Gebäuden aus der Renaissance gesäumten Hauptplatz von Hvar-Stadt.

Halbinsel Pelješac
Ston
Siehe Karte links
Cavtat
Sokol Grad
0 Kilometer 25

**Legende**
- Zwei-Tages-Tour
- Sieben-Tages-Tour

Felsstränden. Fahren Sie dann für ein spätes Mittagessen an den Hafen von **Cavtat** *(siehe S. 96)*. Über **Sokol Grad** *(siehe S. 97)* geht es wieder zurück nach Dubrovnik.

## Tag ❸
Reisen Sie von Dubrovnik nach Split, machen Sie einen Zwischenstopp an den Kiesstränden der **Makarska Riviera** *(siehe S. 86–93)*. Danach erkunden Sie in wenigen Stunden das mittelalterliche **Trogir** *(siehe S. 28f)*, bevor Sie am Abend in **Split** eintreffen, wo Sie durch den Diokletianpalast spazieren *(siehe S. 30f)*.

## Tag ❹
Mit der Fähre geht es von Split zur entspannten Insel **Vis** *(siehe S. 22f)*, wo Sie durch Vis-Stadt schlendern, um danach den Fischerort **Komiža** *(siehe S. 22)* im Westen der Insel aufzusuchen. Am Nachmittag bringt Sie ein Schnellboot zur Insel **Biševo** *(siehe S. 81)* und ihrer Blauen Grotte *(siehe S. 23)*. Wieder in Komiža genießen Sie ein Seafood-Dinner.

## Tag ❺
Falls die Möglichkeit besteht, nehmen Sie den Katamaran von Vis-Stadt nach **Hvar-Stadt** *(siehe S. 34)*. Ansonsten kehren Sie nach Split zurück, um von dort mit der Autofähre nach **Stari Grad** auf Hvar *(siehe S. 34f)* zu kommen. Touren Sie mit dem Mietwagen über die Insel, besuchen Sie **Jelsa** und Hvar-Stadt mit seinen Bars und Clubs, in denen Sie bis zum Morgen feiern können.

## Tag ❻
Mit dem Katamaran am Morgen geht es pfeilschnell von Hvar-Stadt nach **Korčula-Stadt** *(siehe S. 26f)*. Genießen Sie das mittelalterliche Ambiente, bevor Sie im Adio Mare *(siehe S. 83)* einen Happen essen. Danach locken die Strände sowie das glasklare Wasser von **Lumbarda** *(siehe S. 49)*.

## Tag ❼
Schnell ist **Orebić** mit der Fähre erreicht. Auf der Fahrt über die **Halbinsel Pelješac** *(siehe S. 36f)* halten Sie zum Essen in **Ston** *(siehe S. 36)*. Zurückgekehrt in Dubrovnik unternehmen Sie noch eine abendliche Seilbahnfahrt zum **Srđ** *(siehe S. 71)*.

**In Orebić, auf der Halbinsel Pelješac,** liegt einer der besten Strände der Region.

# Highlights

Blick auf die Altstadt von Dubrovnik und die Insel Lokrum

# TOP 10 Highlights

Sonne, Natur, Meer – Dubrovnik und Umgebung bieten all dies und noch viel mehr. An der fantastischen dalmatinischen Küste mit den mächtigen Bergen und der azurblauen Adria warten viele Inseln auf Besucher. Die Geschichte der Region spiegelt sich auch in den lebendigen historischen Vierteln der Städte wider. Dies gilt besonders für Dubrovnik, eine UNESCO-Welterbestätte.

## 1 Stadtmauer, Dubrovnik

Jahrhundertelang haben die Mauern Dubrovnik vor Feinden beschützt. Sie bieten einen herrlichen Panoramablick auf die eindrucksvolle Innenstadt *(siehe S. 12f)*.

## 2 Stradun, Dubrovnik

Die lange und elegante Fußgängerzone der Altstadt von Dubrovnik ist von vielen Kirchen, Palästen, Läden, Brunnen und Straßencafés gesäumt *(siehe S. 14–17)*.

## 3 Rektorenpalast, Dubrovnik

Zur Zeit der Republik Ragusa residierte das Oberhaupt in diesem Komplex aus Bauten der Gotik und der Renaissance. Der imposante Palast dient heute als Museum und Kulturzentrum *(siehe S. 18f)*.

## 4 Lokrum

Mediterrane Gärten, felsige Strände und eine urwüchsige Natur kennzeichnen diese kleine Insel, die nur einen Katzensprung von Dubrovnik entfernt liegt *(siehe S. 20f)*.

## 5 Vis

Zahlreiche historische und natürliche Sehenswürdigkeiten prägen die Insel, deren höchste Erhebung der Berg Hum ist. In den reizenden Häfen von Komiža und Vis-Stadt gibt es eine riesige Auswahl an frischem Seafood *(siehe S. 22f)*.

## Korčula-Stadt 6

Ob Marco Polo hier das Licht der Welt erblickte oder nicht – die Stadt auf einer Halbinsel ist einfach wunderschön. Korčula ist ein ideales Beispiel für eine befestigte mittelalterliche Stadt *(siehe S. 26f)*.

## 7 Trogir

Die perfekt erhaltene historische Stadt auf einer Insel beherbergt Paläste und eine der schönsten Kathedralen in ganz Europa. Die Altstadt zählt zum UNESCO-Welterbe *(siehe S. 28f)*.

## Diokletianpalast, Split 8

Der Palastkomplex des römischen Kaisers Diokletian gehört heute zum UNESCO-Welterbe. Er bildet das eindrucksvolle Zentrum der mediterranen Stadt Split *(siehe S. 30f)*.

## 9 Hvar

Von allen Inseln Kroatiens hat Hvar wohl die größte Vielfalt. Elegante Marinas sowie schicke Bars und Restaurants finden sich neben Familienresorts, abgelegenen Stränden und alten Dörfern *(siehe S. 34f)*.

## 10 Halbinsel Pelješac

Die gebirgige Landzunge an der Küste Süd-Dalmatiens ist ideal für einen Badeurlaub. Hier gibt es großartigen Wein und leckeres Seafood *(siehe S. 36f)*.

# TOP 10 Stadtmauer, Dubrovnik

Dubrovniks Stadtmauer ist an einigen Stellen sechs Meter dick und 25 Meter hoch. Die Wehrbauten schützten lange Zeit eine der am besten erhaltenen mittelalterlichen Städte Europas. Der Mauerring zwischen den Felsen im Norden und der Adria im Süden war für Eroberer eine unüberwindliche Barriere. Erst als sich die Stadt am 31. Januar 1808 den Franzosen übergab, legte sich über Dubrovnik der Mantel der Geschichte.

### 1 Pile-Tor

Das westliche Tor zur Altstadt *(oben)* führt über eine Zugbrücke zum Stradun hinunter. Achten Sie auf die Figur des Stadtpatrons, des hl. Blasius, über dem Tor sowie auf die modernere Darstellung von Ivan Meštrović.

### 2 Minčeta-Turm

Nördlich des Pile-Tors führt eine Treppe hinauf zum massiven Wehrturm *(unten)* aus dem 15. Jahrhundert. Der Blick bei Sonnenuntergang ist großartig.

### 3 Ploče-Tor

Von der Brücke zum Ploče-Tor an der östlichen Mauer hat man einen unglaublichen Blick auf die Stadt und den Alten Hafen.

### 4 Festung Revelin

Der Bau (16. Jh.) bei der Ostmauer dient im Sommer für Ausstellungen, Konzerte und Events.

### 5 Bastion Bokar

Die von Michelozzo Michelozzi entworfene Renaissancebastion *(oben)* wacht über den einstigen Hafen der Stadt. Von hier sieht man die Festung Lovrijenac.

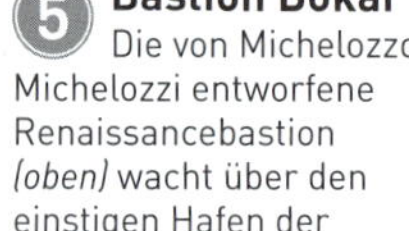

### 6 Turm Sv. Luka

Vom halbrunden Turm aus dem 13. Jahrhundert, mit einst seewärts gerichteten Kanonen, überblickt man den Hafen. Heute beherbergt das Bauwerk ein Restaurant und eine Bar.

Altstadt mit Stadtmauer

**Libertas**

Dubrovniks mächtige Stadtmauer half jahrhundertelang, die Unabhängigkeit der Republik Ragusa zu verteidigen – zu einer Zeit, in der Venezianer und Osmanen den gesamten Adriaraum eroberten. Machiavelli hätte die Verhandlungskunst gefallen: Die Vertreter der Stadt spielten die verschiedenen Mächte gekonnt gegeneinander aus und brachten, wenn alle Stricke rissen, Ragusas gewaltige Goldreserven ins Spiel. Auf ihrer Flagge prangte stolz das Wort *libertas* (Freiheit).

## 10 Dachlandschaft

Spuren der Belagerung von 1991/92 *(siehe S. 41)* sieht man am Abschnitt um den Alten Hafen. Dort heben sich die schönen alten Dachziegel deutlich von den neuen Ersatzziegeln ab, die aus Frankreich und Slowenien importiert wurden.

## 7 Schifffahrtsmuseum

Das Museum *(siehe S. 46)* in der Festung Sv. Ivan zeigt das reiche maritime Erbe der Republik Ragusa. Zu den Ausstellungsstücken zählen zahlreiche Schiffsmodelle, Sepia-Fotografien vom Hafen und historische Karten.

## 8 Bootsfahrt

Einen ganz anderen Blick auf die Stadtmauer können Sie von den Ausflugsbooten und Wassertaxis aus genießen. Diese legen im Alten Hafen ab und fahren um die Grundmauern der Stadt *(unten)*, wo die Wellen gegen die Felsen und Befestigungen schlagen.

## 9 Festung Sv. Ivan

Die Festung beschützte den Hafen vor feindlichen Schiffen und war zu ihrer Zeit hochmodern. Der Bau begann 1346. Bis weit ins 16. Jahrhundert hinein wurde die Feste verstärkt.

### Infobox

Karte E9 ■ Zugang von Stradun (beim Pile-Tor), Festung Sv. Ivan & Turm Sv. Luka

■ Apr, Mai: tägl. 9–18.30 Uhr; Juni, Juli: tägl. 8–19.30 Uhr; Aug–Mitte Sep: tägl. 8–19 Uhr; Mitte Sep–Okt: tägl. 9–18 Uhr; Nov, Dez, März: tägl. 9–15 Uhr; Jan, Feb: tägl. 10–15 Uhr

■ Eintritt (inkl. Festung Lovrijenac): Erwachsene 35 €, Kinder 15 €

**Schifffahrtsmuseum:** Karte H10 ■ +385 20 323 904 ■ Do–Di 9–18 Uhr (Nov–März: bis 16 Uhr) ■ Eintritt: Erwachsene 18 €, ermäßigt 7 €

■ Die Bar Buža *(siehe S. 74)* vor der Südmauer bietet Getränke und einen herrlichen Blick. Folgen Sie ab der Jesuitenkirche dem Hinweis »kalte Getränke«.

■ In den Sommermonaten ist die Stadtmauer übervölkert. Frühmorgens kann man am besten lange Warteschlangen vermeiden. Nehmen Sie Wasser mit.

# TOP 10 ★ Stradun, Dubrovnik

Die auch Placa genannte Fußgängerzone schlägt eine Schneise durch die Altstadt. Im Sommer tummeln sich die Besucher auf der Straße, die mit Cafés, Bars und Restaurants aufwartet. Der Stradun entstand im 12. Jahrhundert, als der Kanal zwischen dem slawischen Dubrovnik auf dem Festland und der römischen Siedlung auf der vorgelagerten Insel aufgefüllt wurde.

### 1 Palais Sponza

Die Inschrift »Wir dürfen nicht betrügen und keine falschen Maße benutzen, und wenn ich abwiege, wägt Gott mich« weist auf die frühere Rolle des Palais (16. Jh.) als Zollhaus und Münze hin *(oben)*. Heute befindet sich hier u. a. das Staatsarchiv.

### 2 Café-Kultur

Machen Sie es wie die Einheimischen und genießen Sie etwas Zeit in einem Straßencafé. Am Stradun haben viele Cafés Tische im Freien, die im Sommer heiß begehrt sind.

### 3 Großer Onofrio-Brunnen

Der Brunnen *(unten)* aus dem 15. Jahrhundert war während der Belagerung 1991/92 beschädigt worden. Hier wuschen sich einst Reisende.

**Das Erdbeben von 1667**

Das Erdbeben von 1667 zerstörte das im Stil von Gotik und Renaissance gestaltete Zentrum von Dubrovnik, legte viele Bauten in Schutt und Asche und forderte 2500 Menschenleben. Infolge der Tragödie entstand eine der eindrucksvollsten europäischen Barockstädte. Die sorgfältig innerhalb der Befestigungen angelegte Stadt widerstand allen Angreifern und unterlag erst im frühen 19. Jahrhundert den Truppen Napoléons.

### 4 Fensterläden & Lampen

Ein Musterbeispiel gelungener Stadtplanung sind die Fensterläden und Lampen am Stradun. Durch ihren einheitlichen Grünton verleihen sie der Straße eine ruhige Ästhetik.

**Stradun**

### 5 Rolandsäule

Die Statue des geheimnisvollen Helden bewacht die Stelle, an der der Stradun in den Luža-Platz mündet. Legenden zufolge half jener Ritter im 8. Jahrhundert, Piraten in die Flucht zu schlagen, und bewahrte so die Stadt vor einer Katastrophe.

## 6 Kleiner Onofrio-Brunnen

Der »kleine Bruder« (15. Jh.) des großen Onofrio-Brunnens plätschert in einem Gebäude am Rektorenpalast und wird oft übersehen.

## 9 Uhrturm

Der im Jahr 1929 renovierte Turm mit dem eindrucksvollen Zeitmesser *(links)* stammt aus dem 15. Jahrhundert. Die Originale der Glocken werden im Palais Sponza aufbewahrt.

## 7 Sv. Spas

Die Renaissancefassade der Erlöserkapelle kontrastiert mit dem bunten Inneren. Hier finden Konzerte und Ausstellungen statt, oft mit Werken moderner dalmatinischer Künstler.

## 8 Franziskanerkloster

Die Kreuzgänge und üppigen Gärten des Klosters *(siehe S. 16)* aus dem 14. Jahrhundert erinnern wie die faszinierenden Ausstellungsstücke des Klostermuseums *(siehe S. 17)* an das alte Dubrovnik. Es empfiehlt sich, früh herzukommen.

## 10 Sv. Vlaho

In der venezianisch-barocken Blasiuskirche *(unten)* am Ende des Stradun hält eine Figur des Stadtpatrons (hl. Blasius) ein Modell der Stadt, wie sie vor dem Erdbeben des Jahres 1667 aussah.

### Infobox

**Palais Sponza:** Karte G9
■ +385 20 321 032
■ Mai–Okt: tägl. 9–21 Uhr; Nov–Apr: tägl. 10–15 Uhr

**Sv. Spas:** Karte F8
■ tägl. 9–16 Uhr

**Franziskanerkloster & Klostermuseum:** Karte F8
■ Apr–Okt: tägl. 9–18 Uhr; Nov–März: tägl. 9–14 Uhr (Gruppen nach Voranmeldung bis 17 Uhr); 25. Dez geschl. ■ Eintritt: Erwachsene 6 €, Kinder 3 €

**Sv. Vlaho:** Karte G9
■ tägl. 8–20 Uhr

■ Im Café Festival, untergebracht in einem eleganten Steinhaus am Stradun, gilt das Motto »Sehen und Gesehenwerden«. Während des Dubrovnik Festivals sind die Tische im Freien sehr begehrt und nur schwer zu ergattern.

■ Der Stradun ist nicht nur untertags sehenswert. Sie sollten ihn unbedingt auch einmal am Abend im romantischen Licht der Straßenlaternen genießen.

# Franziskanerkloster, Stradun

Innenhof

## 1 Innenhof

Hier kann man den Kreuzgang und die eindrucksvolle Balustrade bewundern.

## 2 Romanischer Kreuzgang

Mihoje Brajkovs großartiger Kreuzgang aus dem 14. Jahrhundert mit seinen eleganten Säulen lohnt einen Besuch (7–19 Uhr). Kommen Sie am besten früh am Morgen oder spätnachmittags, wenn weniger Besucher unterwegs sind.

## 3 Fresken

Die Fresken im Kreuzgang thematisieren das Leben des hl. Franziskus und dessen Tiere.

## 4 Glockenturm

Der überkuppelte Glockenturm aus dem 14. Jahrhundert ragt majestätisch über dem Klosterhof auf und beherrscht das Westende des Stradun. Ihn zieren gotische und romanische Elemente.

## 5 Apotheke

Im Kloster sind eine der ältesten Apotheken Europas und eine pharmazeutische Sammlung (15. Jh.) untergebracht. Die Apotheke verkauft noch heute Medikamente (Mo–Sa 7–19 Uhr).

## 6 Franziskuskirche

Der Originalbau aus dem 14. Jahrhundert fiel größtenteils dem Erdbeben von 1667 zum Opfer. Sehenswert in der im 18. Jahrhundert wieder aufgebauten Kirche sind die prachtvollen Marmoraltäre und die von Cherubim umrahmte Orgel.

## 7 Bibliothek

Das Klostermuseum hütet Kroatiens größte Handschriftensammlung mit über 3000 Exemplaren aus dem Mittelalter.

## 8 Porträts

Porträts von berühmten Bürgern der Stadt, etwa des Mathematikers und Physikers Marin Getaldić (Marino Ghetaldi; 1568–1626), zieren die Wände der Bibliothek.

## 9 Ivan-Gundulić-Denkmal

Ein Schild an der Nordmauer der Kirche erinnert an den kroatischen Barockdichter Ivan Gundulić (1589–1638), der im Kloster begraben ist.

## 10 Gotisches Portal

Das Südportal ist das einzige Relikt der Originalkirche (14. Jh.). Es zeigt eine Pietà der Brüder Petar und Leonardo Petrović.

Pietà von den Brüdern Petrović

# Klostermuseum

### 1 Gemälde von Dubrovnik

Der Hintergrund von Nikola Božidarevićs *Madonna mit Kind* zeigt das mittelalterliche Dubrovnik vor der Zerstörung durch das katastrophale Erdbeben von 1667.

### 2 Artillerieschäden

Am 6. Dezember 1991, heute bekannt als »Schwarzer Freitag«, wurde die Stadt von serbischen Raketen getroffen. Die vielen Einschusslöcher wurden als Mahnmale an die Schäden, die das Kloster erlitt, erhalten.

Relief des hl. Franziskus

### 3 Kriegsbericht

In einem unauffällig unter dem Gemälde von Dubrovnik platzierten Buch sind die Schäden verzeichnet, die das Kloster während der Belagerung von 1991/92 durch 54 direkte Einschüsse erlitt.

### 4 Raketen

In einer Ecke beim Eingang des Museums liegen noch immer Teile von einigen Raketen, die dem friedvollen Ort schwere Zerstörung brachten.

### 5 Fuß des hl. Blasius

Der kostbarste Besitz der Reliquiensammlung ist der Fuß des hl. Blasius in einem stiefelförmigen Behälter aus Silber und Gold.

### 6 *Osman*

Zu den Schätzen der Klosterbibliothek zählt eine Kopie des *Osman* von Ivan Gundulić. Das Meisterwerk des Dichters feiert einen berühmten Sieg der Slawen über die Osmanen.

### 7 Tränke & Gifte

In einem Nachbau der originalen Klosterapotheke stehen übereinandergereiht Apothekermaße und traditionelle Arzneimittel, darunter auch tödliche Gifte.

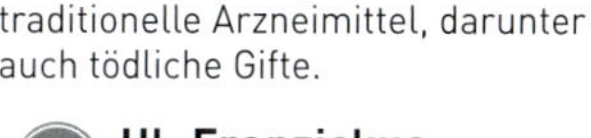

### 8 Hl. Franziskus

Das mittelalterliche Steinrelief des hl. Franziskus über dem Museumseingang scheint das Bauwerk zu beschützen.

### 9 Steinreliefs

An einer Seite des Museums befinden sich auf einem kleinen offenen Platz Überreste von Steinmetzarbeiten des Gebäudes, darunter auch Chimären und Teile von alten Grabsteinen.

### 10 Religiöse Kunst

Höhepunkte der Sammlung sakraler Kunst sind ein Kruzifix von Blaž Jurjev Trogiranin aus dem Jahr 1428 sowie das Porträt des hl. Blasius von Lovro Marinov Dobričević aus dem 15. Jahrhundert.

Mariä Verkündigung, Darstellung aus dem 16. Jahrhundert

# TOP 10 Rektorenpalast, Dubrovnik

**Der Rektor, das nominell höchste Regierungsmitglied der Republik Ragusa, wurden vom Obersten Rat der Stadt gewählt, war für einen Monat im Amt und konnte nach zwei Jahren wiedergewählt werden. Während der Amtszeit durfte er den Palast nur dienstlich verlassen. Der heutige Bau mit Elementen der Gotik und der Renaissance stammt von 1435, als die ursprüngliche Burg durch eine Explosion zerstört wurde. Heute ist hier ein kulturhistorisches Museum untergebracht.**

## 1 Treppe

Drei lebensechte Hände an jedem Geländer *(oben)* zieren die ziemlich unheimliche Treppe zum ersten Stock. Sie wurde nur zu bestimmten Anlässen benutzt, z. B. bei Empfängen des Rektors.

## 2 Statue des Miho Pracat

Pietro Giacomettis auffällig im Atrium platzierte Statue (17. Jh.) stellt den Großreeder Miho Pracat *(rechts)* von der Insel Lopud dar. Dieser starb kinderlos und vererbte sein Vermögen der Republik Ragusa.

## Gotischer Säulengang 3

Für den verzierten Säulengang *(rechts)* verwendete man Marmor von der dalmatinischen Insel Korčula. Inmitten der gotischen Säulen stehen drei im Stil der Renaissance.

## 4 Porträt von Gundulić

Dies ist eines der seltenen Porträts von Dubrovniks berühmtem Dichter Ivan Gundulić (1589–1638).

## 5 Atrium

Der kompakte, nicht überdachte Hof *(links)* bietet einen großartigen Empfang. Heute finden hier auch zahlreiche Kulturveranstaltungen statt, z. B. Konzerte des Sinfonieorchesters von Dubrovnik.

### Eine explosive Geschichte

Der Rektorenpalast war nicht nur Sitz des höchsten Staatsmanns der Republik Ragusa, des Gerichts und des Kerkers, er diente eine Zeit lang auch als Schießpulverdepot. Dies erwies sich allerdings als eine fatale Entscheidung seitens der Verantwortlichen, da das Bauwerk unglücklicherweise zweimal buchstäblich in die Luft flog. Erst nach einer zweiten katastrophalen Explosion 1463 verlegten die Politiker das Arsenal endlich an einen anderen Ort.

## 6 Statuen des hl. Blasius

Im hiesigen Museum hat man die Gelegenheit, Skulpturen des hl. Blasius aus der Nähe zu betrachten. Die meisten anderen Darstellungen des Stadtpatrons befinden sich in der Höhe oder hinter Glas in der nach ihm benannten Kirche *(siehe S. 45)*.

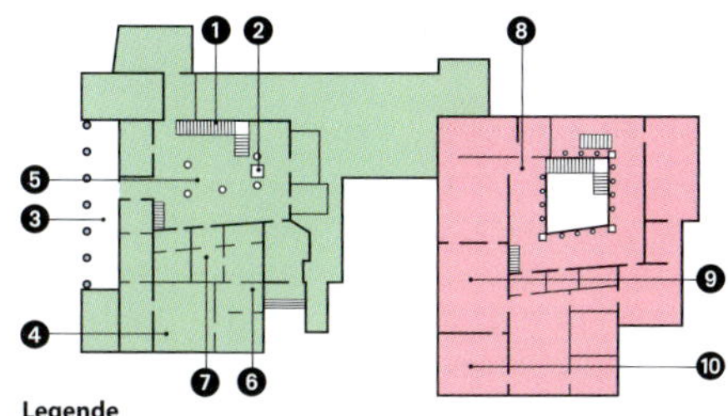


**Legende**
Erster Stock
Erdgeschoss

## 7 Kerker

Das Erdgeschoss diente als Gericht und Kerker der Republik Ragusa. Die dunklen Zellen zeugen vom harten Alltag der Insassen, die nur von Freunden und der Familie Nahrung und Wasser erhielten.

## 8 Inschrift

Die lateinische Inschrift oberhalb der Treppe ermahnte die Ratsmitglieder streng, sich auf ihre Pflichten und nicht auf persönliche, sondern nur auf öffentliche Angelegenheiten zu konzentrieren.

## Infobox

Karte G9 ■ Pred Dvorom 3 ■ +385 20 321 422

■ Do – Di 9 – 18 Uhr (Nov – März: bis 16 Uhr); 1. Jan, 3. Feb, 25. Dez geschl.

■ Eintritt: Erwachsene 18 €, ermäßigt 7 € (gilt auch für weitere Museen und Sehenswürdigkeiten)

■ Das Café Gradska Kavana *(siehe S. 74)* bietet einen atemberaubenden Blick über den Luža-Platz und den Stradun auf der einen sowie auf den historischen Hafen auf der anderen Seite.

■ Die Fenster im ersten Stock sind der beste Platz für Fotoaufnahmen der Kathedrale sowie der Volkstanzgruppen, die bisweilen auf der Straße auftreten. Knipsen Sie einfach drauflos, wenn die Fenster geöffnet sind.

## Sänften 9

Im ersten Stock und auch in anderen Orten des Palasts erinnert eine Sammlung von Sänften aus dem 18. Jahrhundert *(rechts)* an den Prunk des Stadtadels.

## 10 Amtsraum des Rektors

In dem herrlichen, eleganten Arbeitszimmer des Rektors befinden sich das Gemälde *Taufe Christi* von Mihajlo Hamzić (1460 – 1518) und ein Sekretärschrank von Luca Giordano (1634 – 1705).

# TOP 10 Lokrum

**Nur einen Katzensprung von Dubrovnik entfernt liegt diese üppig grüne, dicht bewaldete Insel – ein kleines Idyll und ein riesiger Kontrast zum quirlig-urbanen Dubrovnik. Wegen ihrer subtropischen Pflanzenwelt und ihren abgeschiedenen Buchten, die zum Schwimmen und Sonnenbaden einladen, ist sie ein wunderbares Ziel für einen entspannten Tagesausflug. Von historischem Interesse ist vor allem das ehemalige Kloster.**

### 1 Bootsanlegestelle

Nachdem man die Insel erreicht hat, kann es mit der Erkundung von Lokrum losgehen. Am Bootsanleger *(rechts)* steht ein pfirsichfarbenes Försterhaus (heute das Parkinformationszentrum), erbaut in der Ära von Erzherzog Maximilian.

### 2 Salzsee »Totes Meer«

Ein besonderes Badevergnügen stellt das Mrtvo more (»Totes Meer«) dar. Der flache Salzwassersee *(unten)* liegt im Südwesten der Insel.

### 3 Benediktinerkloster

Das von Benediktinermönchen gegründete Kloster (11. Jh.) war ein Hort der Gelehrsamkeit, bis die Mönche es 1798 verließen. Erzherzog Maximilian von Habsburg kaufte 1859 die Insel und damit auch das Kloster, dessen Kreuzgang er renovieren ließ. Heute gibt es hier ein Restaurant und ein Café.

### 4 *Game-of-Thrones*-Ausstellung

Ein Flügel des Klosters ist hauptsächlich der Fernsehserie *Game of Thrones* gewidmet; einige Szenen wurden im Kloster gedreht. Auf einer interaktiven Karte sind die Drehorte auf Lokrum zu sehen. Man kann sich auch auf den »eisernen Thron« aus der Serie setzen.

**Infobox**

Karte K9

■ www.lokrum.hr

■ Passagierboote legen in Dubrovniks Altem Hafen von Mai bis November stündlich ab (Hauptsaison halbstündl.). Die Überfahrt dauert knapp 15 Minuten.

■ Im Preis für das Hin- und Rückfahrtticket (Erwachsene 30 €, Kinder 5 €) inbegriffen sind alle Sehenswürdigkeiten der Insel, die mit dem Eintreffen des ersten bis zum Ablegen des letzten Bootes geöffnet haben (meist 10–18 Uhr).

■ In der Nähe des Bootsanlegers und umgeben von gepflegten Hecken befindet sich ein reizendes Gartencafé, das von den auf der Insel frei herumlaufenden Pfauen aufgesucht wird.

■ Es ist verboten, Pflanzen zu pflücken oder auf der Insel zu übernachten.

■ Im Kloster gibt es zwar ein Restaurant, aber auf Lokrum lässt es sich auch gut picknicken. Setzen Sie sich auf eine Bank am Paradiesweg oder breiten Sie Ihre Decke auf der Klosterwiese aus.

## 7 Maximilianische Gärten

Südlich des Klosters erstrecken sich Terrassen mit geometrisch angeordneten Zierhecken *(links)*. Angelegt wurden sie von Erzherzog Maximilian, der die ganze Insel in einen Park verwandeln wollte.

### *Game of Thrones*

Die Fantasy-Serie *Game of Thrones* wurde zwischen 2011 und 2018 in Dubrovnik gedreht, von der zweiten bis zur letzten Staffel. Die Stadt diente als Schauplatz von Königsmund (King's Landing), der fiktiven Hauptstadt der Sieben Königslande. In zahlreichen Szenen kann man Wahrzeichen von Dubrovnik erkennen, u. a. die Festung Lovrijenac, das Pile-Tor und Teile der Stadtbefestigung. Auch Lokrums Benediktinerkloster und der Klostergarten dienten für einige Episoden als Drehort für die Stadt Qarth. Die trutzige Festung Klis *(siehe S. 88)*, oberhalb von Split, stellte die Stadt Meereen dar.

## 5 Botanischer Garten

Hunderte verschiedene exotische Pflanzenarten, überwiegend aus Australien, Afrika und Südamerika, wachsen in dieser großzügigen Anlage, die 1959 offiziell eröffnet wurde. In dem Garten, Teil des Instituts für Meeres- und Küstenforschung, gedeihen viele Kakteenarten.

## 8 Paradiesweg

Der Paradiesweg besteht aus drei Hauptachsen und erstreckt sich vom unteren Teil der Insel bis zur Festung. Er wurde in der Zeit von Erzherzog Maximilian angelegt und ist auf beiden Seiten von einer Reihe mediterraner Zypressen und von großen Steinen gesäumt.

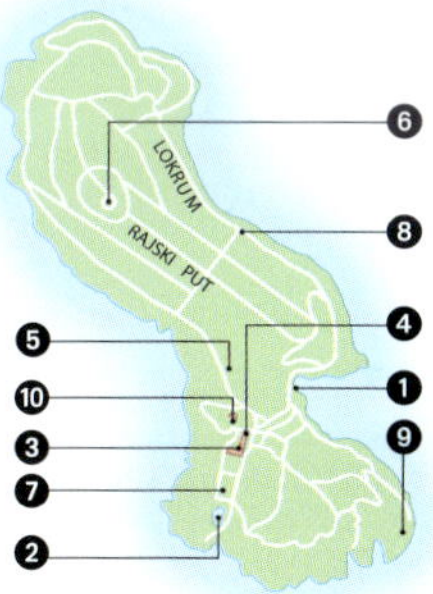


## 6 Festung

Auf dem Glavica (96 m), dem höchsten Punkt auf Lokrum, erhebt sich die kreisförmige Befestigungsanlage *(unten)*, die von den Franzosen 1806 erbaut wurde. Von dort hat man einen fantastischen Blick auf einen Wald von Aleppokiefern und über das Meer auf Dubrovnik.

## 9 FKK-Strand

Östlich der Maximilianischen Gärten befindet sich ein Felsstrand, ideal für Sonnenanbeter und Naturisten – und das bereits seit Jahrzehnten. Heute ist ein Teil der Südostküste ein offizieller FKK-Bereich.

## 10 Basilika

Die zum Kloster gehörende Ruine einer dreischiffigen romanischen Basilika stammt aus dem 13. Jahrhundert. Sie verdeutlicht, welche große Rolle Lokrum im religiösen Leben der Republik Ragusa spielte.

# TOP 10 ★ Vis

**Vis, eine der verlockendsten Inseln der Adria, ist kompakt und gebirgig und war lange Zeit von strategischer Bedeutung für alle, die die Adria kontrollieren wollten, darunter die Briten und Österreich-Ungarn. Erst Anfang der 1990er Jahre öffnete sich Vis dem Fremdenverkehr. Auch deshalb wirkt die Insel so unberührt und unverfälscht, sodass man zwischen Badebuchten und Weinbergen ungetrübt Sonne und Meer genießen kann.**

### 1 Vis-Stadt

Der Hauptort der Insel erstreckt sich an einer weiten Bucht. Architektonische Zeugen aus der Antike und Renaissance prägen vor allem die älteren Viertel. An den Bootsstegen im Hafen *(rechts)* machen Yachten fest. In den Restaurants werden lokale Spezialitäten serviert.

### 2 Berg Hum

Die höchste Erhebung der Insel ist der Berg Hum (587 m). Von dort oben hat man einen fantastischen Blick auf die Adria, den Hafen von Komiža und die Inseln Biševo, Jabuka und Svetac. Bei klarer Sicht sieht man bis Italien.

### 3 Komiža

Rund um eine steilwandige Bucht liegt dieses reizende Städtchen *(oben)*, in dem einst Fischerei und Fischfabriken den Ton angaben.

### 4 Festung King George III

Das von den Briten im Jahr 1813 errichtete Bauwerk wird heute als Bar, Restaurant und Club genutzt. Die massive Hügelfestung beherbergt ein kleines Museum, in dem die Militärgeschichte der Insel im Mittelpunkt steht.

### 5 Kut

Das historische Viertel von Vis-Stadt schmiegt sich in einen stillen Winkel der Bucht. Im 16. Jahrhundert bauten sich venezianische Kaufleute hier ihre Sommerhäuser. In den engen, stimmungsvollen Gassen stehen heute noch elegante Villen.

### 6 U-Boot-Bunker

In den Bunkern wurden U-Boote, Torpedoboote und andere Militärschiffe gebaut. Diese Tunnelanlage *(unten)* liegt außerhalb von Vis-Stadt und ist der Öffentlichkeit zugänglich, z. B. mit einem Boot, aber auch zu Fuß und mit dem Rad.

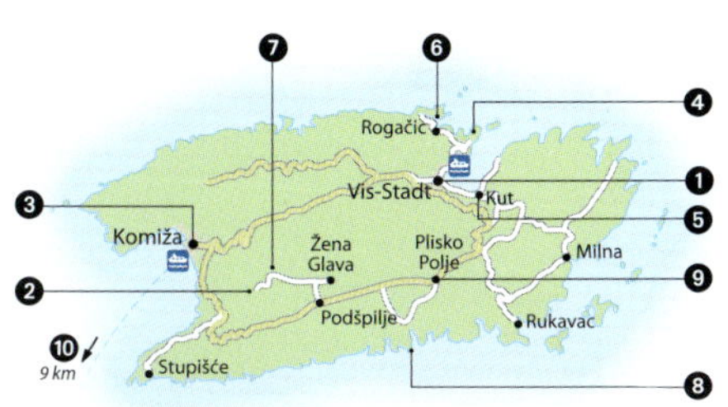


## 7 Tito-Höhle

Vis diente 1944 als Hauptquartier der jugoslawischen Partisanen. In dieser Höhle organisierte Tito den Widerstand gegen die deutschen Besatzer. Sie liegt im Südosten von Komiža am Hang des Hum. Die Höhle war bis zum Ende des Weltkriegs auch die Wohnstätte des Partisanenführers.

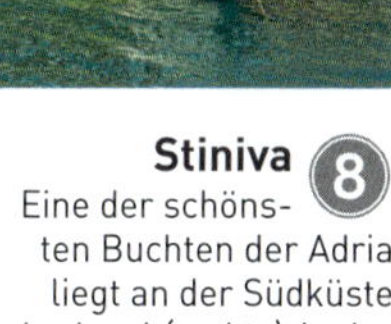

## Stiniva 8

Eine der schönsten Buchten der Adria liegt an der Südküste der Insel *(rechts)*. In der Bucht gibt es einen kleinen Kieselstrand, der von steilen Felswänden umschlossen wird. Man erreicht sie zu Fuß oder mit dem Mountainbike.

## 9 Plisko Polje

Das Dorf liegt am Rand einer üppig grünen Ebene, in der die meisten Früchte und Gemüse der Insel wachsen, z. B. Weinreben – vor allem Vugava, die weiße Rebsorte ist typisch für Vis.

## 10 Blaue Grotte

Die faszinierende Blaue Grotte (Modra špilja) kann nur mit kleinen Ruderbooten erreicht werden. Die Insel Biševo, auf der man dieses Naturschauspiel bewundern kann, wird von Komiža aus mit Motorbooten angesteuert.

### Kriegszeit auf Vis

Während des Zweiten Weltkriegs stand Dalmatien unter italienischer, dann deutscher Besatzung. Die adriatische Küste wurde von Josip Broz Titos Partisanen befreit und dann mit dem Rest des Landes vereinigt. Von Juni bis September 1944 befand sich das Hauptquartier der jugoslawischen Volksbefreiungsarmee unter Führung Titos auf Vis, das von den Briten und Amerikanern geschützt wurde. Die Briten bauten hier sogar einen Flugplatz.

### Infobox

Karte B5 ■ Šetalište Stare Isse, Vis-Stadt ■ +385 21 717 017 ■ www.tz-vis.hr ■ Reiseagenturen: Alternatura (Komiža, +385 21 717 239, www.alternatura.hr), Ames Trips (Komiža, +385 91 390 3300, www.ames.hr) & Paiz (Vis-Stadt, +385 98 263 207, www.paiz-travel.com)

**Festung King George III:** Juni – Sep: tägl. 10 – 23 Uhr ■ +385 91 265 6041 ■ www.fortgeorgecroatia.com

■ Bootsfahrten zur Insel Biševo und zur dortigen Blauen Grotte werden u. a. organisiert von Alternatura *(siehe links)*.

■ Schräg gegenüber vom Fähranleger in Vis-Stadt liegt Bejbi, ein guter Platz für einen Kaffee oder Drink.

■ Auf der Insel gibt es viele militärische Anlagen. Hinterlassenschaften britischer, österreichischer und jugoslawischer Streitkräfte. Military-Touren bieten Alternatura oder Paiz an.

# TOP 10 ★ Korčula-Stadt

Die Stadt mit der mosaikartigen Dachlandschaft, der mittelalterlichen Stadtmauer, den spitzen Kirchtürmen, der tiefblauen Adria und der majestätischen Kulisse der Berge von Pelješac ist wunderschön. Von der ehemaligen venezianischen Herrschaft zeugen u. a. die stolzen venezianischen Löwen: Sie zieren viele Häuser in Korčula und die dem hl. Markus geweihte Kathedrale.

## 1 Stadtmauer

Korčulas Stadtmauer *(unten)* hielt 1571 auch einem Angriff der Osmanen stand. Im 19. Jahrhundert wurden Teile abgerissen, da sie ihre Verteidigungsfunktion verloren hatten. Heute sind nur noch wenige Mauerabschnitte erhalten, u. a. der Turm der Allerheiligen, einer der ursprünglich zwölf Türme der Festungsanlage.

Korčula-Stadt

**Moreška**

Korčula ist die einzige dalmatinische Insel, auf der man die (»maurische«) Moreška noch mit echten Schwertern tanzt. Der aus dem 15. Jahrhundert stammende Tanz wird seit dem 16. Jahrhundert in Korčula aufgeführt und gilt als Darstellung einer Schlacht zwischen einem türkischen und einem maurischen König. In seiner heute vereinfachten Form versucht der Weiße König, seine Geliebte aus der Gefangenschaft des Schwarzen Königs zu befreien. Der Weiße König gewinnt schließlich den Kampf.

## 2 Ikonensammlung

In der Halle der Allerheiligen-Bruderschaft, der ältesten Bruderschaft in Korčula, gibt es eine Sammlung von Objekten für Zeremonien und Prozessionen sowie neun Ikonen (14.–17. Jh.). Sie wurden einst von Kreta nach Korčula gebracht.

## 3 Marco-Polo-Haus

Das vermeintliche Geburtshaus Marco Polos wurde erst Jahrhunderte nach dessen Tod erbaut. Vom Turm hat man einen wunderschönen Blick über Korčulas Dächer.

## 4 Rathaus

Das Rathaus *(rechts)* im Landtor stammt aus dem 16. Jahrhundert. Dessen Loggia ist ein Teil des venezianischen Erbes.

**Vorhergehende Doppelseite** Löwenskulptur an der Kathedrale Sv. Duje, Split

## 5 Kirchen

In der Altstadt von Korčula stehen sehenswerte Gotteshäuser, u. a. die Allerheiligenkirche Svi Sveti, die Michaelskirche Sv. Mihovil, die Peterskirche Sv. Peta und die Kapelle Unserer Lieben Frau von Ploče.

## 6 Stadtmuseum

Im Gabriellis-Palast (16. Jh.) am Hauptplatz residiert das kleine Stadtmuseum. Es beherbergt u. a. die Nachbildung einer griechischen Tafel aus dem 4. Jahrhundert v. Chr.

## 7 Marco-Polo-Ausstellung

Das Leben und die Zeit des mittelalterlichen Weltenbummlers werden in dieser kleinen Ausstellung wachgerufen, u. a. mit Gemälden und zeitgenössisch kostümierten Puppen.

## 8 Schatzkammer der Abtei

Die südlich der Kathedrale gelegene Schatzkammer besitzt Arbeiten von Künstlern aus Dubrovnik und Venedig, darunter Meisterwerke von Blaž Jurjev Trogiranin und Ivan Meštrović sowie von Bassano und Carpaccio.

## 9 Landtor & Treppe

Die Treppe zum Landtor bietet einen eindrucksvollen Eingang zur Altstadt. Das Tor war einstmals Teil einer Bastion aus dem 14. Jahrhundert und bildete ein äußerst wichtiges Bollwerk auf der Mauer.

## 10 Kathedrale Sv. Marko

Die Markuskathedrale *(unten)* stammt aus dem 16. Jahrhundert und zählt zu den schönsten Sakralbauten der Adria-Inseln. Im Inneren befinden sich wunderbare Stilelemente aus Gotik und Renaissance.

### Infobox

Karte E5 ■ Information: Trg 19. travnja 1921. br. 40 ■ +385 20 715 701 ■ www.visitkorcula.eu

**Kathedrale Sv. Marko:** Trg Sv. Marka ■ Apr, Juni – Sep: Mo – Sa 9 – 19 Uhr; Mai, Okt: Mo – Sa 9 – 17 Uhr ■ Eintritt

**Schatzkammer der Abtei:** Trg Sv. Marka ■ +385 20 711 049 ■ Apr, Juni – Sep: Mo – Sa 9 – 19 Uhr; Mai, Okt: Mo – Sa 9 – 17 Uhr ■ Eintritt ■ Kombiticket Kathedrale & Schatzkammer 5 €

**Stadtmuseum:** Trg Sv. Marka ■ +385 20 711 420 ■ Apr – Juni: Mo – Sa 10 – 14 Uhr; Juli – Sep: Mo – Sa 9 – 21 Uhr; Okt – März: Mo – Sa 10 – 13 Uhr ■ Eintritt 6 €

**Marco-Polo-Ausstellung:** Mitte Juni – Sep: Mo – Sa 9 – 21 Uhr; Mitte Mai – Mitte Juni, Okt: Mo – Sa 10 – 18 Uhr ■ Eintritt: 10 €

■ Von der beliebten Bar Massimo *(siehe S. 82)* blickt man auf den Pelješki-Kanal.

■ In der Hauptsaison findet hier (Mo & Do) die Moreška statt *(siehe S. 63)*.

# TOP 10 Trogir

**Trogir ist einer der schönsten Orte im gesamten Mittelmeerraum und zählt zum Welterbe der UNESCO. Brücken verbinden das auf einer Insel gelegene, von orangefarbenen Dächern und traditionellen Steinhäusern geprägte Städtchen sowohl mit dem Festland als auch mit der Insel Čiovo. Die fantastisch erhaltene Altstadt ist eine Fußgängeroase, in der Besucher mit jedem Schritt weiter in die Vergangenheit entführt werden.**

## 1 Kamerlengo-Festung

Die Feste *(unten)* bewachte ab dem 15. Jahrhundert Trogirs Westseite. Heute werden in den Sommermonaten Konzerte und Filmvorführungen veranstaltet.

## 2 Sv. Ivan Krstitelj

Die kleine romanische Kirche ist der einzige Überrest eines großen Benediktinerklosters und zudem die letzte Ruhestätte der Familie Ćipiko. Das Relief *Die Beweinung Christi* aus dem 15. Jahrhundert ziert deren Grabstätte.

## 3 Loggia & Uhrturm

Traditionell wurde die Loggia zur Bestrafung von Kriminellen genutzt. Das Loch in der Ostmauer entstand, als Aktivisten in den 1930er Jahren als Protest gegen Italien einen venezianischen Steinlöwen in die Luft sprengten.

## 4 Sv. Nikola

Das bescheidene Kloster glänzt mit einer sehenswerten Kunstsammlung. Hauptattraktion ist das in den 1920er Jahren entdeckte griechische Relief von Kairo aus dem 3. Jahrhundert.

## 5 Kathedrale Sv. Lovre

Herrlich sind das verzierte Westportal (13. Jh.) mit biblischen Szenen von dem in Trogir geborenen Bildhauer Radovan sowie der üppige Renaissancedekor von Baptisterium und Johanneskapelle. Vom Turm *(links)* hat man einen herrlichen Ausblick.

## 6 Ćipiko-Palast

Der gotische Bau zählt zu den eindrucksvollsten alten Palästen der Stadt. Hier lebte im 15. Jahrhundert die mächtige Familie Ćipiko.

### In Trogir unterwegs

Trogirs historischer Stadtkern ist eine Fußgängerzone. Für Besucher, die mit dem Auto anreisen, bestehen Parkmöglichkeiten auf einem öffentlichen Parkplatz vor der Nordmauer der Altstadt. Hierzu fährt man nach der Brücke vom Festland rechts. Allerdings sind Parkplätze in den Sommermonaten rar gesät, weshalb zahlreiche Besucher mit dem Bus kommen. Die Bushaltestelle befindet sich ganz in der Nähe der Festlandsbrücke in der Jadranska magistrala.

## 7 Stadtmuseum

Trogirs Stadtmuseum im Garagnin-Fanfogna-Palast informiert detailliert über die wechselhafte Geschichte der Stadt. Hier zeigt man griechische und römische Exponate ebenso wie erschütternde Dokumente aus der napoleonischen Ära, u. a. Todesurteile für Stadtvertreter, die sich gegen die französische Macht auflehnten.

## 8 Riva

Die Uferpromenade Riva *(oben)* lockt an Sommerabenden Einheimische und Besucher zum Flanieren und Einkehren. Während der Saison kann man hier Bootsausflüge buchen.

## 9 Landtor

Das imposanteste der verbliebenen Tore gehört zu den venezianischen Befestigungen. Eine Statue des Stadtheiligen Johannes hält Wache über Ankömmlinge vom Festland.

## 10 Marmonts Gloriette

In napoleonischer Zeit (1806–13) spannte der französische Generalgouverneur von Illyrien, Marmont, hier oben aus *(links)* und genoss den Ausblick. Trotz des Blicks auf die Čiovo-Werften ist die Gloriette einen Besuch wert.

### Infobox

Karte B3 ■ Information: Trg Ivana Pavla II 1 ■ +385 21 885 628 ■ www.visittrogir.hr

**Glockenturm der Kathedrale Sv. Lovre, Baptisterium & Schatzkammer:** Trg Ivana Pavla II ■ +385 21 881 426 ■ Öffnungszeiten tel. erfragen ■ Eintritt: 3 €

**Kamerlengo-Festung:** Apr–Okt: tägl. 9–21 Uhr ■ Eintritt: 2 €

**Stadtmuseum:** Gradska Vrata 4 ■ +385 21 881 406 ■ Juni, Sep: Mo–Sa 10–13, 17–20 Uhr; Juli, Aug: tägl. 10–13, 18–21 Uhr; Okt–Mai: Mo–Fr 9–14 Uhr ■ Eintritt: Erwachsene 4 €, Kinder 3 €

**Sv. Ivan Krstitelj:** Trg Ivana Pavla II ■ Mai–Sep: tägl. 9–19 Uhr; Okt–Apr: nach Voranmeldung

**Sv. Nikola:** Gradska 2 ■ Mai–Sep: tägl. 10–12, 16–18.30 Uhr; Okt–Apr: nach Voranmeldung ■ Eintritt: 1 €

■ Die palmengesäumte Riva ist ideal für eine Kaffeepause oder eine Mahlzeit. Besuchen Sie das ganzjährig geöffnete Restoran Riva *(siehe S. 93)*.

■ Von der Insel Čiovo – über eine Brücke erreichbar – hat man einen wunderschönen Blick auf die Altstadt.

#  Diokletianpalast, Split

Splits Stadtzentrum ist in Europa einzigartig. Ursprünglich war es als Palast (etwa 295–305 n. Chr.) für den zurückgetretenen römischen Kaiser Diokletian erbaut worden. Auch wenn der Putz an manchen Stellen bröckelt, auf dem Gelände des einstmals mächtigen Kaiserpalastes – heute eine UNESCO-Welterbestätte – leben ungefähr 3000 Menschen, drängen sich lebhafte Bars und Cafés sowie charmante Kunstläden. Während es in kleineren dalmatinischen Städten im Winter eher ruhig zugeht, pulsiert in Split ganzjährig das Leben.

## 1 Peristyl

Der »Peristyl« genannte, faszinierende Säulenhof *(rechts)* war früher der Vorraum zu den kaiserlichen Bereichen. Er ist das Zentrum des Palastkomplexes.

**Im Diokletianpalast unterwegs**

Von der Riva aus betritt man den Diokletianpalast durch das Bronzetor, die Porta aenea. Gehen Sie nach Norden durch den Hauptsaal und an dessen Ende über die Treppe in das Peristyl mit den eleganten Kolonnaden und der imposanten Kathedrale. Nördlich von diesem Gotteshaus erhält man im zentralen Fremdenverkehrsbüro viele Informationen und Karten. Vom Peristyl aus sind die Hauptattraktionen leicht zu finden, sie liegen nur noch wenige Gehminuten entfernt.

## 2 Ethnografisches Museum

Im labyrinthartigen Straßengewirr südlich des Vestibüls zeigt das im ehemaligen Rathaus (14. Jh.) untergebrachte Museum u. a. Trachten und Schmuck.

## 3 Katakomben

Die unterirdischen Palastgewölbe *(links)* entsprechen den darüber gelegenen Gängen und Räumen. Sie vermitteln einen plastischen Eindruck von der einstigen Architektur des Palastkomplexes.

## 4 Kathedrale Sv. Duje

Der romanische Bau *(unten)* über dem Grab des Diokletian birgt eine Kanzel aus dem 13. Jahrhundert und Werke von Juraj Dalmatinac (15. Jh.).

## 6 Glockenturm

Der hoch über die prächtige Kathedrale aufragende Glockenturm wurde erst im 20. Jahrhundert vollendet. Der fantastische Panoramablick *(links)* lohnt die Mühe des langen Aufstiegs.

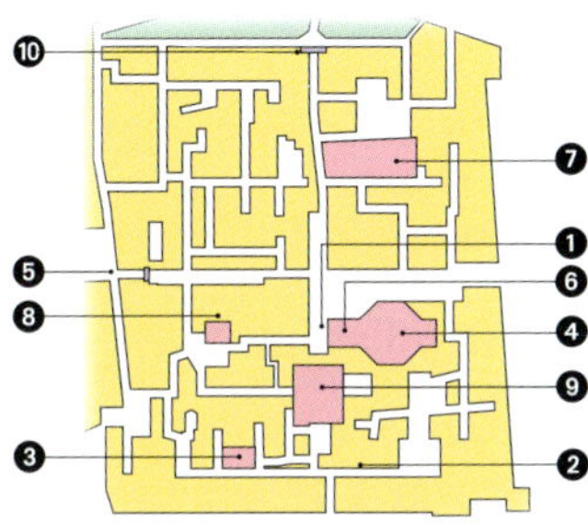

## 7 Stadtmuseum

Östlich vom Säulenhof, im Papalić-Palast aus dem 15. Jahrhundert, residiert das Stadtmuseum. Zu den dortigen Artefakten aus der Geschichte von Split zählen auch Waffen und Rüstungen.

## 8 Baptisterium

Gegenüber der Kathedrale führt eine Gasse zum Baptisterium, dem früheren Jupitertempel mit der Skulptur von Johannes dem Täufer, ein Werk des Bildhauers Ivan Meštrović (1883–1962).

## 9 Vestibül

Vom Peristyl führen Steinstufen zu diesem überkuppelten Bereich *(unten)*. In der Nacht kann man durch ein Loch in der Kuppel die Sterne sehen.

## 10 Porta aurea

Das mächtige Portal führte einst nach Norden zu der nahen Stadt Salona. Dank der Spenden einer lokalen Bank glänzt es heute wieder in alter Pracht.

## 5 Porta ferrea

Der westliche Eingang zum Palast, das Eiserne Tor, wurde später von mittelalterlichen Gebäuden eingerahmt. Das eindrucksvolle, sehr gut erhaltene Portal hat eine eigene Kirche (Gospa od Zvonika) und den dazugehörigen Uhrenturm (1081).

### Infobox

Karte M3 ■ Information: Peristyl ■ +385 21 345 606 ■ Mo–Fr 9–16 Uhr, Sa 9–14 Uhr

**Katakomben:** Mo–Sa 9–20 Uhr (So ab 10 Uhr) ■ Eintritt: Erwachsene 7 €, Kinder 2,50 €

**Kathedrale Sv. Duje:** Peristyl ■ +385 21 345 602 ■ Mo–Sa 8–20, So 12–20 Uhr ■ Eintritt: 5 €

**Glockenturm:** Peristyl ■ Mo–Sa 8–20, So 12–20 Uhr ■ Eintritt: 3 €

**Stadtmuseum:** Papalićeva 1 ■ +385 21 360 171 ■ Mo–Fr 9–18 Uhr, So 10–14 Uhr ■ Eintritt: Erwachsene 5 €, Kinder 2,50 € ■ www.mgs.hr

■ Das geräumige Café Luxor im Peristyl lädt zum Rasten und Entspannen ein.

■ Mit Ausnahme der Kuppel gibt es im oberen Teil des Palastes nur wenige große Attraktionen, aber dafür sind die Bars viel ruhiger und es gibt einen atemberaubenden Blick auf das Adriatische Meer.

# Weitere Attraktionen in Split

Blick vom Marjan auf Split

## 1 Marjan

**Karte L5**

Im Westen der Stadt führen Stufen auf diese grüne Anhöhe hinauf, die zu einem Naturschutzgebiet gehört. Auf dem Gipfel öffnet sich ein fantastischer Blick bis hinüber nach Bosnien sowie über weite Abschnitte der dalmatinischen Küste, deren Inseln an klaren Tagen zum Greifen nah erscheinen.

## 2 Riva

**Karte L2**

Auf der palmengesäumten Uferpromenade von Split gilt »Sehen und Gesehenwerden«. In den Straßencafés kann man herrlich entspannen und den Fähren zusehen, die in Richtung der nahen Inseln ablegen.

## 3 Archäologisches Museum

Die Sammlungen umfassen ein breites Spektrum. Die Artefakte stammen aus den römischen, frühchristlichen und mittelalterlichen Epochen der Stadt sowie aus der griechischen Zeit in Dalmatien *(siehe S. 46)*.

Relief, Archäologisches Museum

## 4 Galerie Meštrović

Es war der unerfüllte Traum des kroatischen expressionistischen Bildhauers Ivan Meštrović (1883–1962), sich in dieser Villa in Split zur Ruhe zu setzen. Heute kann man hier eine schöne Sammlung seiner Werke bewundern *(siehe S. 46)*.

## 5 Kunstgalerie

In einem wunderschön restaurierten Krankenhaus aus dem 18. Jahrhundert ist Splits wichtigste Kunstsammlung untergebracht. Hier werden die bedeutendsten Kunstwerke Kroatiens ab der Renaissance präsentiert. Aufsehenerregend sind die Ausstellungen zeitgenössischer Kunst *(siehe S. 46)*.

## 6 Fischmarkt

**Karte L2**

Der herrlich grelle und farbenfrohe Markt erwacht unter der Woche jeden Morgen lautstark zum Leben. Das breite Angebot an Meeresfrüchten aus der Adria und das Stimmengewirr der gestikulierenden Händler und lauthals feilschenden Kunden sind ein Spektakel für die Sinne.

## 7 Bačvice

Die kleine Bucht liegt wenige Gehminuten südöstlich vom Zentrum. Sie bietet einen beliebten Strand, einen Vergnügungspark, Bars und ein aufregendes Nachtleben *(siehe S. 92)*.

## 8 Trg Republike (Prokurative)

**Karte L2**

Im Gegensatz zu den römischen Teilen der Stadt entspricht die prächtige Architektur an diesem Platz dem alten Venedig.

## 9 Narodni Trg

**Karte M2**

Die Venezianer verlagerten das Zentrum von Split vom Diokletianpalast nach Westen zu diesem Platz. Hauptattraktion ist das Rathaus aus dem 15. Jahrhundert mit seiner grandiosen Loggia.

## 10 Küstenweg

**Karte N6**

Ab Bačvice säumen Strände, Cafés und Clubs die Küste. Ein hübscher Küstenweg führt an einem nahe gelegenen Tennisclub vorbei, in dem Goran Ivanišević, Wimbledon-Sieger von 2001, einst seine große Tenniskarriere begann.

## Kaiser Diokletian

Kaiser Diokletian

Das Leben des Diokletian ist ein Paradebeispiel einer Aufsteigergeschichte: Er wuchs in der dalmatinischen Stadt Salona in bescheidensten Verhältnissen auf und erlebte danach einen kometenhaften Aufstieg im Römischen Reich, wo er höchste militärische Ämter bekleidete. Diokletian bewies einen bemerkenswerten Hang zu großen Bauprojekten: Seine größte Hinterlassenschaft in Kroatien ist der grandiose Altersruhesitz an der Adria – aus diesem gigantischen Palast entstand später die Stadt Split. Ungewöhnlicherweise trat er als Kaiser zurück – all seine Vorgänger waren im Amt gestorben. In diesen Mauern nahm er sich schließlich das Leben. Ironischerweise wurde Splits Kathedrale über dem Grab des berüchtigten Christenverfolgers errichtet.

**Der hl. Georg erscheint vor Diokletian**, Darstellung aus dem Manuskript *Szenen aus dem Leben des hl. Georg* (spätes 13. Jh.)

### Ereignisse in Diokletians Leben

**1 245:** Diokletian wird unweit von Salona als Sohn einer einfachen dalmatinischen Familie geboren.

**2 282:** Kaiser Carus erhebt seinen Günstling zum Feldherrn.

**3 283:** Carus ernennt Diokletian zum Konsul.

**4 284:** Diokletian wird mit nur 39 Jahren römischer Kaiser.

**5 295:** Diokletian gibt den Palast am Meer in Split in Auftrag. Der Bau seines Ruhesitzes dauert rund zehn Jahre.

**6 303:** Diokletian verbietet das Christentum, lässt Christen verfolgen und alle Kirchen zerstören.

**7 305:** Diokletian ist der erste römische Kaiser, der zurücktritt und nicht im Amt stirbt oder ermordet wird.

**8 308:** Diokletian lehnt eine erneute Ernennung zum Kaiser ab.

**9 315:** Diokletians Gattin Prisca und Tochter Valeria werden von Kaiser Licinius ermordet.

**10 um 316:** Diokletian vergiftet sich in seinem Palast in Split.

# TOP 10 Hvar

**Die Insel bietet für jeden etwas: elegante Clubs und Bars, Liegestellen für protzige Yachten in Hvar-Stadt sowie die in die Liste des UNESCO-Welterbes aufgenommene landwirtschaftlich genutzte Ebene von Stari Grad. Doch trotz seiner Bekanntheit konnte Hvar seine Ursprünglichkeit bewahren. Das erkennt man ganz besonders dann, wenn man das Inselinnere mit seinen idyllischen Dörfern, einsamen Buchten und üppigen Weingärten bereist.**

### Petar Hektorovićs Tvrdalj

Das wohl berühmteste Gebäude von Stari Grad ist Tvrdalj, die Sommervilla eines Poeten und Universalgelehrten der Renaissance, Petar Hektorović (1487–1572). Als die Osmanen die Insel bedrohten, ließ er das Anwesen befestigen, um so den Einheimischen sicheren Unterschlupf zu gewähren. Mit einem ummauerten Garten, dem Taubenschlag im Hauptturm und dem Fischteich, den es heute noch gibt, war das Überleben sichergestellt.

## 1 Festung, Hvar-Stadt

Von der beeindruckenden, im 16. Jahrhundert erbauten Festung *(unten)* hat man einen faszinierenden Blick auf den Hafen von Hvar-Stadt und die Pakleni-Inseln.

## 2 Hvar-Stadt

Das attraktive Städtchen mit hübschen Villen, Bars und Boutiquen an einer kleinen Bucht an der Südküste *(rechts)* ist für viele der Inbegriff für adriatischen Chic. Neben kulturellen und historischen Sehenswürdigkeiten bietet Hvar-Stadt eine große gastronomische Vielfalt und ein quirliges Nachtleben.

## 3 Milna

Östlich von Hvar-Stadt säumen einige Badeorte die Küste, darunter das für seine Kiesstrände bekannte Milna in einer geschützten Bucht. Die Restaurants locken mit frischen Fischspezialitäten.

## 4 Pakleni-Inseln

Von Hvar aus sind die Inseln mit dem Wassertaxi schnell erreicht. Jerolim, Marinkovac und Sveti Klement eignen sich gut für einen Tagestrip. Es gibt schöne Kiesstrände *(rechts)* und gute Restaurants.

## 5 Vrboska

Die Kleinstadt erstreckt sich an beiden Seiten einer Bucht. Steinhäuser und Steinbrücken, die die Bucht überspannen, prägen das pittoreske Ortsbild. Wahrzeichen ist die Festungskirche Sv. Marije.

## 6 Jelsa

Der Fischer- und Urlaubsort an der Nordküste ist für seine exzellenten Strände und Winzereien sowie ein gutes Angebot an Hotels bekannt. Besonders im Sommer sind viele Familien vor Ort.

## 7 Sućuraj

Dieser liebliche Fischerort liegt im Inselosten und hat viele Sandstrände und versteckte Buchten. Es existiert eine direkte Fährverbindung zum Hafen Drvenik auf dem Festland.

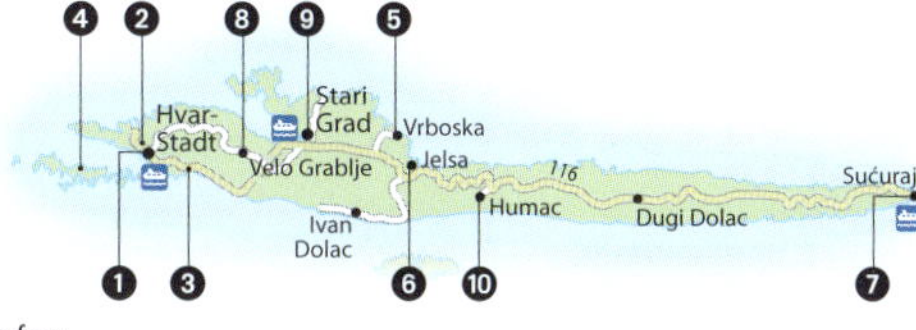

## 8 Velo Grablje

Das sympathische Bergdorf liegt zwischen Hvar-Stadt und Stari Grad. Velo Grablje war einst sehr bekannt für die Herstellung von Lavendelöl. Bei einem Spaziergang durch die malerischen Gassen kann man gut erhaltene Steinhäuser besichtigen. In der Ortsmitte steht eine kleine Kirche.

## 9 Stari Grad

Mit seinen Gassen aus Kopfsteinpflaster, hübschen Plätzen und farbenfrohen Blumenkästen zählt Stari Grad zu den angenehmsten Städten im adriatischen Raum. Die Ebene von Stari Grad östlich der Stadt – 384 v. Chr. von griechischen Kolonisten gegründet – steht auf der Liste der UNESCO-Welterbestätten.

## 10 Humac

Humac liegt in den Hügeln östlich von Jelsa und ist ein stimmungsvolles Dorf mit alten Häusern und Pflasterstraßen, umgeben von Macchie und verwilderten Olivenhainen. In der Nähe liegt die Grapčeva-Tropfsteinhöhle *(links)*.

### Infobox

Karte C4 ■ Info (Hvar-Stadt): Trg svetog Stjepana 42 ■ +385 21 741 059 ■ www.visithvar.hr ■ Info (Stari Grad): Obala Dr. Franje Tuđmana 1 ■ +385 21 765 763 ■ www.visit-stari-grad.com

**Festung, Hvar-Stadt:** Apr, Mai: tägl. 9 – 20 Uhr; Juni – Sep: tägl. 8 – 23 Uhr

**Tvrdalj, Stari Grad:** Juni, Sep: tägl. 10 – 13 Uhr; Juli, Aug: tägl. 10 – 13, 17 – 20 Uhr

■ Nahe dem Fähranleger von Hvar-Stadt serviert das Sweet Republic *(siehe S. 82)* süße hausgemachte vegane Leckereien – eine ruhige Alternative zu den Cafés an der Riva.

■ Autofähren verbinden Split mit Stari Grad (je nach Saison drei bis sieben Fahrten am Tag) und von Drvenik nach Sućuraj (fünf bis zehn Fahrten am Tag). Personenfähren verkehren im Winter zweimal täglich von Split nach Hvar-Stadt (ansonsten öfter) sowie dienstags von Vis nach Hvar-Stadt. Von Mai bis Oktober kann man auch von Dubrovnik aus anreisen.

■ Autoreisende sollten rechtzeitig am Fährhafen sein, um ein Ticket zu kaufen. Auf einigen Autofähren zwischen Split und Stari Grad kann man reservieren.

# TOP 10 Halbinsel Pelješac

Die lange und schmale Halbinsel erstreckt sich in Ost-West-Richtung und besteht aus einem Gebirgsrücken. In manchen Gegenden der Halbinsel Pelješac kann man noch das charakteristische und weitgehend unverfälschte Alltagsleben von Dalmatien kennenlernen. Die hier gekelterten Rotweine gehören zu den besten im ganzen Land, in den Restaurants kommen regionale Spezialitäten auf den Tisch. Küstenstädte wie Orebić sind beliebte Ferienziele.

## 1 Mali Ston

Die in Feinschmeckerkreisen geschätzte Ansammlung von Häusern am Wasser *(links)* ist berühmt für die Austernzucht in der Bucht und für einige exzellente Restaurants, in denen köstliche lokale Spezialitäten serviert werden.

## 2 Ston

Einst bewachten die Festungsmauern (14. Jh.) von Ston den Zugang zur Halbinsel Pelješac. Im Mittelalter hatte die Stadt eine Schlüsselposition an der Nordgrenze der Republik Ragusa inne. Die Befestigungsanlagen reichen bis zum rund drei Kilometer entfernt gelegenen Mali Ston.

## 3 Orebić

Die schmucke Küstenstadt war lange ein Zentrum der Handelsmarine – Kapitänshäuser und Gärten zeugen davon *(rechts)*. Orebić ist mit einer großen Anzahl von schönen Kiesstränden gesegnet, ein Anziehungspunkt für Besucher aus Nah und Fern. Mit der Fähre ist man schnell in Korčula-Stadt *(siehe S. 26f)*.

## 4 Janjina

Janjina liegt etwas erhöht an der schmalsten Stelle von Pelješac. Hier kann man das ländliche Dalmatien kennenlernen. Nach einem kurzen Spaziergang bergab ist der Strand von Drače erreicht.

### Weine von Pelješac

Die besten Rotweine Kroatiens kommen von der Südküste der Halbinsel Pelješac, wo die Sonnenstrahlen, die trockenen Böden und die salzige Meeresluft eine gelungene Kombination bilden, um aromatische Weintrauben zu ziehen. Die alte, einheimische Rotweinsorte Mali Plavac zählt zu den bekanntesten und beliebtesten Reben und ist mit dem kalifornischen Zinfandel verwandt. Der Mali Plavac ist vollmundig, sehr dunkel und alkoholreich. Dingač und Postup gelten als die besten Tropfen, die in den Gemeinden gleichen Namens gekeltert werden.

## 5 Dingač

Der Küstenort Dingač *(unten)* liegt im Schatten hübscher Weinberge und ist bekannt für seine Weingüter, die den wohl besten kroatischen Rotwein produzieren. Die Weinlese ist aufgrund der steilen Hanglage schwierig.

### Infobox

Karte F5 ■ Information: Zrinsko-Frankopanska 2, Orebić ■ +385 20 713 718 ■ www.visitorebic-croatia.hr

**Autoverleih & Reisebüro:** Orebić Tours, Bana J. Jelačića 84a, Orebić ■ +385 20 714 054 ■ www.orebic-tours.hr

■ Café Croccantino liegt gleich um die Ecke vom Fähranleger in Orebić und wird für seine Eiscreme und seinen Kuchen gefeiert – eine ideale Einkehr, bevor man nach Korčula hinübersetzt.

■ Der öffentliche Nahverkehr ist auf der Halbinsel eingeschränkt, deshalb ist ein Leihwagen sehr ratsam. Autovermieter gibt es in Dubrovnik und in Orebić.

## 6 Trpanj

Der ruhige Hafenort liegt im Schutz schroffer Berggipfel. Trpanj gilt als perfekter Standort für die Erkundung weniger bekannter Strände an der Nordküste von Pelješac. Divna, am Ausgang einer Schlucht, ist der wohl schönste Strand.

## 7 Kućište

In dem bezaubernden Dorf an der Südküste stehen traditionelle Steinhäuser. Kućište liegt am Fuß des Berges Sveti Ilija und ist ein idealer Ausgangspunkt zum Bergwandern und zum Mountainbiken.

## 8 Žuljana

Das nette Fischerdorf in einer Bucht an der Südseite der Halbinsel bietet in der Umgebung schöne Kiesstrände mit kristallklarem Wasser. Dies ist auch ein Taucherparadies.

## Viganj 9

Dem stetigen Westwind im Pelješac-Kanal verdankt Viganj den Ruf, der beste Windsurf-Spot Kroatiens zu sein *(rechts)*. Die meisten Surfer wohnen auf einem der zahlreichen Campingplätze. Nichtsurfern steht ein feiner Kiesstrand zum Sonnenbaden zur Verfügung.

## 10 Lovište

Das verschlafene kleine Fischerdorf erstreckt sich an einer weiten, seichten Bucht. Lovište eignet sich ideal zum Relaxen. In der Nähe gibt es Strände, kleinere Buchten und gute Fischrestaurants.

# Themen

Idyllische Bucht bei Milna an der Südwestküste der Insel Hvar

# TOP 10 Historische Ereignisse

## 1 4. Jahrhundert v. Chr.: Griechen und Illyrer in Dalmatien

Griechische Siedler kommen über das Meer und verbinden sich mit illyrischen Stämmen, die seit längerer Zeit an Dalmatiens Küste leben. Mit der wachsenden Bevölkerung an der Küste entstehen neue Siedlungen mit regen Handelsbeziehungen.

## 2 1. Jahrhundert n. Chr.: Römer dringen nach Dalmatien vor

Die Legionen des Römischen Reichs erobern weite Teile Dalmatiens. Die Eroberer bringen dank ihrer Fachkenntnis den Weinbau zum Erblühen. Böden und Klima bieten ideale Bedingungen für den Weinanbau.

## 3 6. Jahrhundert: Ankunft der Slawen

Slawische Stämme dringen von Norden aus an Dalmatiens Küste vor.

## 4 925 (vermutlich): Krönung des ersten kroatischen Königs

Unter König Tomislav, dem »Vater der Kroaten«, wird Kroatien erstmals als Nation vereint. Die Unabhängigkeit wird jedoch durch die übermächtigen Hunnen und die Dogen von Venedig bedroht. Schon bald üben die Venezianer immer größeren Einfluss auf die Region Dalmatien aus.

## 5 1409: Dalmatien unter den Venezianern

1409 verkauft König Ladislaus von Neapel Dalmatien für 100 000 Dukaten an Venedig, aber die Republik Ragusa bleibt unabhängig.

Statue von König Tomislav

## 6 1808: Napoléon annektiert Ragusa

1806 befreien französische Truppen die Republik Ragusa aus einer russisch-montenegrinischen Belagerung. Zwei Jahre später beansprucht Napoléon Ragusa für Frankreich.

Porträt von Napoléon Bonaparte

## 7 1815: Dalmatien unter den Habsburgern

Nach der kurzen französischen Ära fallen Dalmatien und Ragusa nach dem Wiener Kongress 1815 wieder an Österreich zurück. Unter österreichischer Herrschaft bleibt das Land wirtschaftlich unterentwickelt. Der Fremdenverkehr kommt Ende des 19. Jahrhunderts auf.

## 8 1918: Erster jugoslawischer Staat nach dem Ersten Weltkrieg

Nach dem Ende des Ersten Weltkriegs und dem Zerfall Österreich-Ungarns entsteht Jugoslawien. Der neue Staat nennt sich kurzzeitig Staat der Slowenen, Kroaten und Serben, bevor er sich in ein Königreich umbenennt. Da die Serben in der Verwaltung übermäßig stark vertreten sind, fordern die Kroaten größere Autonomie.

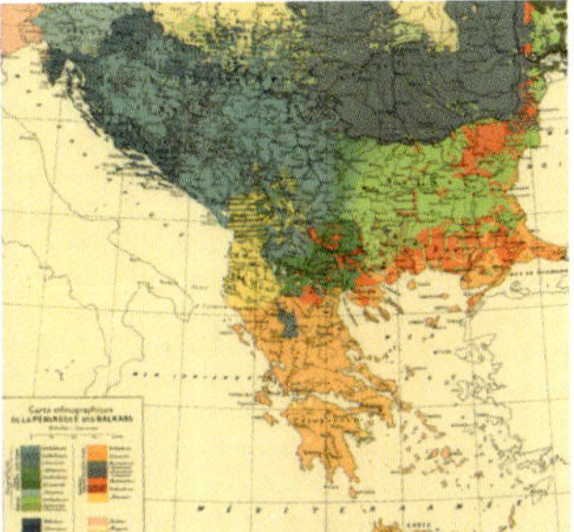

Karte des Staates Jugoslawien von 1918

## 9 1945: Tito an der Macht

Der kroatische Marschall kommt nach dem Zweiten Weltkrieg an die Macht und installiert eine sozialistische Republik, in der ethnische Differenzen zwischen Slowenen, Serben, Kroaten, Mazedoniern, Montenegrinern und Bosniern zugunsten der Verbundenheit mit dem »Mutterland« unterdrückt werden. Bis zu seinem Tod 1980 spielt Tito den Westen gegen den Osten aus.

Kroatischer Unabhängigkeitskrieg

## 10 1991: Kroatien erklärt seine Unabhängigkeit

Nach einem Referendum erklärt sich Kroatien für unabhängig. Von der jugoslawischen Armee unterstützte serbische Einheiten greifen die junge Republik an und belagern Dubrovnik. Die Kämpfe enden 1995. 1998 werden alle serbisch besetzten Gebiete an Kroatien zurückgegeben.

### Historische Persönlichkeiten

**1 Kaiser Diokletian**
Diokletian (245–316) begründete mit seinem riesigen Alterspalast an der Adria die Stadt Split *(siehe S. 30–33)*.

**2 König Tomislav**
Kroatiens vermutlich erster König (gekrönt um 925) gilt bei vielen als Held.

**3 Grgur Ninski**
Bischof Gregor von Nin (10. Jh.) warb für Kroatisch als liturgische Sprache (anstelle von Latein).

**4 Faust Vrančić**
Der als »kroatischer Leonardo da Vinci« bezeichnete Erfinder und Sprachwissenschaftler (1551–1617) schuf das erste kroatische Wörterbuch.

**5 Nikola Tesla**
Tesla (1856–1943) war einer der begabtesten Erfinder der Neuzeit. Bekannt wurde er vor allem für seine Verdienste auf dem Gebiet des Wechselstroms.

**6 Ante Pavelić**
Pavelić (1889–1959), Chef der faschistischen Ustaša-Bewegung, war im Zweiten Weltkrieg von 1941 bis 1945 Führer des kurzzeitig Unabhängigen Staates Kroatien.

**7 Marschall Josip Broz Tito**
Tito (1892–1980) führte im Zweiten Weltkrieg die Partisanen an. Nach dem Krieg wurde er Jugoslawiens Staatschef.

**8 Anka Berus**
Berus (1903–1991), die erste Ministerin Kroatiens, wird für ihren Einsatz für die Rechte der Arbeitnehmer geschätzt.

**9 Franjo Tuđman**
Tuđman (1922–1999) war der erste Staatspräsident des ab 1991 unabhängigen Kroatien.

**10 Vesna Parun**
Parun (1922–2010) gilt als eine der größten kroatischen Dichterinnen des 20. Jahrhunderts.

Franjo Tuđman

# TOP 10 Altstädte

In den Gassen von Trogir

## 1 Trogir

Das malerisch auf einem Inselchen zwischen dem Festland und der Insel Čiovo gelegene Trogir – eine der schönsten historischen Städte an der Adria – wird wegen der faszinierenden architektonischen Einheit auch »Stadtmuseum« genannt *(siehe S. 28f)*.

## 2 Stari Grad (Hvar)

Stari Grad – auf Kroatisch »Alte Stadt« – ist der passende Name für diesen Ort, der 384 v. Chr. von griechischen Kolonisten gegründet wurde. Bei einem Spaziergang durch die schmalen Gassen der Altstadt unternimmt man eine Reise in die Vergangenheit von Stari Grad: Bauten aus dem Altertum stehen neben Steinhäusern, die zumeist aus dem Mittelalter und aus der Renaissance stammen. Die befestigte Tvrdalj-Villa des Poeten Petar Hektorović gibt einen Einblick in das Leben des Adels aus Hvar im 16. Jahrhundert *(siehe S. 77)*.

## 3 Dubrovnik

Lord Byrons »Perle der Adria« zählt zu Kroatiens berühmtesten Städten. Im Ring der mittelalterlichen Stadtmauer drängt sich ein perfekt erhaltener barocker Stadtkern zwischen Kalksteinbergen im Norden und der Adria im Süden. Die Altstadt lockt vor allem im Sommer viele Besucher an, verliert aber niemals ihren Zauber *(siehe S. 12–19 & S. 66–75)*.

## 4 Hvar-Stadt

Hvar-Stadt *(siehe S. 77)* gilt unter Kroaten als beliebte Sommerfrische. Die charmante Altstadt mit vielen venezianischen Bauten liegt an einer breiten Bucht an der Adria.

Boote und Yachten im Hafen von Hvar-Stadt

Über der sommerlichen Szenerie aus Straßencafés, Fischrestaurants und Ausflugsbooten thront die Festung. Den Hauptplatz dominiert die Kathedrale Sv. Stjepan *(siehe S. 45)*.

## 5 Split

In Splits Altstadt herrscht keine Museumsatmosphäre, sondern das pralle Leben in historischer Umgebung, die sich aus dem prächtigen Alterssruhesitz des Kaisers Diokletian entwickelte und über Jahrhunderte von den Spličani eingenommen wurde *(siehe S. 30 – 33)*.

## 6 Kut (Vis-Stadt)

Nur wenige Besucher kennen das historische Viertel Kut in Vis-Stadt. Hier locken venezianische Kaufmannshäuser, die dreischiffige Renaissancekirche der Muttergottes von Spilica sowie die Restaurants Pojoda *(siehe S. 56)*, Vatrica und Val. Diese erstklassigen Lokale verwenden Zutaten aus dem einzigartigen Mikroklima von Vis, von fruchtbaren Feldern und aus reichen Fischgründen *(siehe S. 22)*.

## 7 Komiža (Vis)

An der Westküste von Vis liegt Komiža, ein reizender mittelalterlicher Fischerort. Mit Familienwappen verzierte Häuser stehen dicht gedrängt in den engen Gassen und um einen kleinen Platz. Prunkvolle Kirchen zeugen von Komižas großer Vergangenheit als einstiges Zentrum der Fischverarbeitung *(siehe S. 79)*.

## 8 Ston

Die Stadt, in der einst die Salzherstellung eine bedeutende Rolle spielte, kam durch Kauf 1335 an die Republik Ragusa. Ausgebaut und massiv ummauert, nahm Ston eine Schlüsselposition an der Nordgrenze Ragusas ein. Die mächtigen Festungsmauern der Stadt verliefen von Ston bis zum drei Kilometer entfernt gelegenen Hafen von Mali Ston. Die Befestigungsanlagen zählen zu den besterhaltenen in Europa *(siehe S. 95)*.

## 9 Lastovo-Stadt

**Karte D6**

Als Ausnahme von der Regel wendet Lastovo-Stadt der Adria den Rücken zu. Am sehenswertesten sind in der im Vergleich zu anderen dalmatinischen Städten architektonisch weniger auffälligen Stadt etwa 20 Renaissancehäuser mit typischen hohen, breiten Terrassen *(siehe S. 97)*.

**Dächer von Korčula-Stadt**

## 10 Korčula-Stadt

Korčula-Stadt ist von Mauern umgeben und die am besten erhaltene mittelalterliche Inselstadt an der Adria. Der lange Zeit von Venedig geprägte Ort gleicht einer Oase, die kaum im 20. und schon gar nicht im 21. Jahrhundert angekommen zu sein scheint. Innerhalb der Mauern finden sich Kirchen, Lokale und die Geburtsstätte von Marco Polo – behaupten jedenfalls die Einheimischen *(siehe S. 26f & S. 78)*.

# TOP 10 Kathedralen & Kirchen

Die Kirche Sv. Marija od špilice auf der Insel Lopud

## 1 Sv. Marija od špilice, Lopud

**Karte G6**

In der ehemaligen Kloster- und heutigen Pfarrkirche werden einige der besten renaissancezeitlichen Kunstwerke der Region rund um Dubrovnik aufbewahrt, darunter ein Triptychon (1513) des Dubrovniker Malers Nikola Božidarević und ein Gemälde (1523) von Pietro di Giovanni.

## 2 Kathedrale Sv. Marko, Korčula

Dieses Gotteshaus stellt ein außergewöhnliches Beispiel für spätmittelalterliche Architektur dar. Korčulas Kathedrale Sv. Marko dominiert die Altstadt auf dem höchsten Punkt der Halbinsel. Den Glockenturm krönt eine Kuppel, das Hauptportal zeigt romanische und gotische Stilelemente. Im Innern befindet sich das Altarblatt von Tintoretto mit der Darstellung des hl. Markus mit dem hl. Bartholomäus und dem hl. Hieronymus *(siehe S. 27)*.

## 3 Sv. Marije Gospa Gusarica, Komiža

**Karte B5**

Die Kirche der Muttergottes der Piraten erhebt sich oberhalb vom Gusarica-Strand, am nördlichen Stadtrand von Komiža. Die kleine Renaissancekirche verdankt ihren Namen einer Legende: Im 16. Jahrhundert raubten Piraten in Komiža eine Marienfigur. Das Piratenschiff sank einige Tagen später und die Statue wurde an den Strand gespült.

## 4 Gospe od snijega, Cavtat

**Karte H7**

Die Kirche hl. Maria Schnee ist ein weiteres Gotteshaus mit ungewöhnlichem Namen, der auf einen Schneesturm zurückgeht, der einst im August tobte. Die ehemalige Klosterkirche steht am Ende des palmengesäumten Hafens von Cavtat. Im Innern ist die 1494 von Božidar Vlatković gemalte Jungfrau mit Kind über dem Altar sehenswert, ebenso das Polyptychon von Viktor Dobričević, das den hl. Michael, den hl. Nikolaus und Johannes den Täufer zeigt. Am 5. August steht die Kirche im Mittelpunkt großer religiöser Feierlichkeiten.

## 5 Kathedrale von Dubrovnik

Der Legende nach wurde die Kathedrale von Richard Löwenherz als Dank dafür gegründet, dass er einen schrecklichen Sturm überlebte, der ihn an die Insel Lokrum spülte. Ob dies nun wahr ist oder nicht – die Kathedrale zählt zu den eindrucksvollsten Sakralbauten des Landes. Zu ihren Schätzen gehören Barockfresken, das byzantinische Reliquiar des hl. Blasius sowie die *Mariä Himmelfahrt* von Tizian *(siehe S. 66f)*.

**Statue, Sv. Vlaho, Dubrovnik**

## 6 Kathedrale Sv. Lovre, Trogir

Das Westportal des Meisters Radovan (13. Jh.) ist die Hauptattraktion der bemerkenswerten Kathedrale. Achten Sie auf die Figuren von Adam und Eva, die an den Seiten stolz über einem Paar geflügelter Löwen stehen. Letztere zeugen von der venezianischen Herrschaft in Trogir. Den oberen Teil des Portals zieren Heiligendarstellungen und Kalenderszenen aus dem Alltag in der Stadt *(siehe S. 28f)*.

**Kathedrale Sv. Lovre, Trogir**

## 7 Sv. Vlaho, Dubrovnik

Dubrovniks hochverehrter Schutzpatron Blasius rettete der Überlieferung zufolge die Stadt vor der Zerstörung durch die Venezianer. Seine Figuren stehen in der ganzen Stadt. Die schönste Darstellung des Heiligen findet man jedoch in der ihm geweihten Kirche aus dem 18. Jahrhundert *(siehe S. 15 & S. 68)*.

## 8 Crkva Sv. Blagovijesti, Dubrovnik

**Karte F9**

Die orthodoxe Kirche Dubrovniks, die Verkündigungskirche, erhebt sich in der Allstadt. Sie wurde in der zweiten Hälfte des 19. Jahrhunderts im neobyzantinischen Stil auf den Ruinen eines alten Palastes erbaut. Nebenan befindet sich das orthodoxe Kirchenmuseum, u. a. mit einer Ikonensammlung und Porträts des Malers Vlaho Bukovac (1855–1922).

## 9 Kathedrale Sv. Stjepan, Hvar-Stadt

**Karte C4**

Der Renaissancebau (16. Jh.) befindet sich an der Stelle eines alten Benediktinerklosters. Ein Höhepunkt ist die *Madonna mit Kind* (13. Jh.) am Altar.

## 10 Mušter, Komiža

**Karte B5**

Umgeben von Weinreben steht auf einer steilen Anhöhe, oberhalb vom verschlafenen Fischerdorf Komiža, die Kirche Sv. Nikola samt befestigtem Kloster, das im Volksmund »Mušter« genannt wird. Es wurde von den Benediktinern erbaut und beherbergt prächtige Barockaltäre sowie eine alte Orgel.

# TOP 10 Museen & Sammlungen

## 1 Kunstgalerie, Split

**Karte N1 ■ Ulica kralja Tomislava 15 ■ +385 21 350 110 ■ Di–Fr 10–18, Sa, So 10–14 Uhr ■ www.galum.hr ■ Eintritt**

Zur Sammlung kroatischer Kunst von der Renaissance bis zur Gegenwart gehören auch Gemälde von Vlaho Bukovac (1855–1922) und Emanuel Vidović (1870–1953).

Kunstgalerie, Split

## 2 Archäologische Sammlung Issa, Vis-Stadt

**Karte B5 ■ Viški boj 12 ■ +385 21 329 340 ■ Juni–Sep: tägl. 9–13, 17–19 Uhr; Okt–Mai: nach Vereinbarung ■ Eintritt**

Skulpturen, Keramiken, Waffen und Alltagsobjekte dokumentieren das Leben in der antiken griechischen Stadt Issa, dem heutigen Vis-Stadt.

## 3 Museum der Insel Brač, Škrip

**Karte C3 ■ +385 21 637 092 ■ tägl. 9–19 Uhr ■ Eintritt**

Im Radojković-Turm mit Spuren illyrischer, römischer und kroatischer Architektur zeigt man Schätze von ganz Brač.

## 4 Archäologisches Museum, Split

**Karte M5 ■ Zrinsko-Frankopanska 25 ■ +385 21 329 340 ■ Mo–Sa 9–14, 16–20 Uhr (Okt–Mai: Sa bis14 Uhr) ■ www.armus.hr ■ Eintritt**

Dieses Museum präsentiert antike griechische Keramiken, Waffen (6.–9. Jh.), mehr als 70 000 Münzen und aus Schiffswracks geborgene Amphoren.

## 5 Kunstgalerie Branislav Dešković, Bol

**Karte C4 ■ Porat bolskih pomoraca 7 ■ +385 91 635 2700 ■ Juli–Aug: Di–So 9–14, 17–22 Uhr; Sep–Juni: Di–Sa 9–15 Uhr ■ www.czk-brac.hr ■ Eintritt**

Diese kleine Galerie zeigt eine repräsentative Auswahl an kroatischer moderner Kunst (Malerei und Bildhauerei), darunter rund 30 Gemälde des Expressionisten Ignjat Job (1895–1936).

## 6 Schifffahrtsmuseum, Dubrovnik

Die interessantesten Exponate bezeugen Dubrovniks bedeutende Rolle als Seemacht (12.–14. Jh.). In jener Zeit bedrohte diese Venedigs Vorherrschaft *(siehe S. 13)*.

## 7 Galerie Meštrović, Split

**Karte L6 ■ Šetalište Ivana Meštrovića 46 ■ +385 21 340 800 ■ Di–So 9–17 Uhr ■ www.mestrovic.hr ■ Eintritt**

Viele der Skulpturen von Ivan Meštrović, darunter eine riesige Pietà und Werke aus Bronze, Marmor, Gips und Holz, sind in seiner ehemaligen Sommerresidenz zu sehen. Erkunden Sie den Garten, von wo aus Sie einen weiten Blick auf das Meer und die Bronzeskulpturen des Künstlers haben.

Galerie Meštrović, Split

Eremitage von Blaca, Brač

## 8 Eremitage von Blaca, Brač

**Karte C4**

In dem nur auf dem Fußweg erreichbaren, üppig ausgestatteten Kloster (16. Jh.), das u.a. die Korrespondenz des letzten Priesters mit der Londoner Royal Astronomical Society enthält, steht seit 1963 die Zeit still. Wilde Ziegen und die herrliche Lage tragen zur Atmosphäre bei.

## 9 Kuća Bukovac, Cavtat

**Karte H7 ■ Bukovčeva 5 ■ +385 20 478 646 ■ Mo–Sa 9–18 Uhr, So 9–12 Uhr ■ Eintritt**

Der berühmte kroatische Maler Vlaho Bukovac wurde 1855 in diesem Haus geboren. Das typische Bürgerhaus aus dem 19. Jahrhundert ist heute ein Museum, das den Werken Bukovacs gewidmet ist.

## 10 Museum Stari Grad, Stari Grad

**Karte C4 ■ Ulica braće Biankini 4 ■ +385 21 766 324 ■ Juli, Aug: Mo–Sa 10–13, 19–21 Uhr, So 19–21 Uhr; Mai, Juni, Sep: Mo–Sa 10–13 Uhr; Okt–Apr: nach Voranmeldung ■ www.msg.hr ■ Eintritt**

Das schon wegen der Architektur im Stil der Neorenaissance sehenswerte Museum widmet eine ganze Etage den lokalen Künstlern Bartul Petrić (1899–1974), Juraj Plančić (1899–1930), Pavo Dulčić (1947–1974) und Magda Dulčić (1965–2016).

### Statuen

**1 Orson Welles, Split**
Der US-Schauspieler und -Regisseur hielt sich oft und gern in Split auf. Oja Kodar, die in Kroatien geborene Lebensgefährtin von Welles, schuf diese Statue.

**2 Pater Andrija Kačić Miošić, Makarska**
Das Denkmal zeigt den Priester und Poeten (18. Jh.).

**3 Marko Marulić, Split**
Meštrović setzte dem im 15. Jahrhundert in Split geborenen »Vater der kroatischen Literatur« ein Denkmal.

**4 Die Möwe, Makarska**
Diese Skulptur an der Uferpromenade zeigt ein Arm in Arm gehendes junges Pärchen.

**5 Rolandsäule, Dubrovnik**
Roland, Führer der Göttlichen Republik, hält im Sommer beim Dubrovnik Festival die Libertas-Flagge *(siehe S. 14)*.

**6 Ivan Gundulić, Dubrovnik**
Meštrović schuf die Statue zu Ehren von Leben und Werk des kroatischen Barockschriftstellers (17. Jh.).

**7 Dr. Franjo Tuđman, Split**
Das Denkmal für den ersten kroatischen Staatspräsidenten steht in der Nähe des Hafens.

**8 Nikola Duboković, Jelsa, Hvar**
Die Statue des Kapitäns Nikola Duboković (1834–1912) wurde vom Bildhauer Ivan Rendić (1849–1932) gefertigt.

**9 Neue Riva, Split**
An der westlichen Fortsetzung der Riva stehen einige Metalltafeln, die der Erfolge lokaler Sportgrößen gedenken.

**10 Grgur Ninski, Split**
Diese Monumentalstatue zeigt Gregor von Nin, der für Altkirchenslawisch als Liturgiesprache kämpfte.

Statue von Grgur Ninski in Split

# TOP 10 Strände

## 1 Banje, Dubrovnik

**Karte K9**

Der Sand ist importiert und für den Abschnitt mit den Sonnenliegen muss man Eintritt bezahlen, doch der Blick auf die Stadt ist kaum zu überbieten. Das Wasser ist sauber und die Insel Lokrum sehr nah.

**Banje-Strand, Dubrovnik**

## 2 Šunj, Lopud

Am östlichen Ende der Insel Lopud liegt an einer Bucht dieser feine Kiesstrand. Der Šunj-Strand zählt zu den besten in der Region von Dubrovnik – glücklicherweise ist er aufgrund der Insellage nicht überlaufen. Vom Fähranleger auf Lopud sind es rund 40 Gehminuten, dabei genießt man die herrliche mediterrane Landschaft, sieht Olivenhaine, Trockenmauern und die Macchie. Alternativ kann man auch ein Golfcart-Taxi für eine geringe Gebühr nehmen. An der Bar in Strandnähe gibt es Erfrischungen *(siehe S. 99)*.

## 3 Zlatni Rat, Brač

**Karte C4**

Verdientermaßen finden sich in allen Broschüren der Fremdenverkehrsämter Fotos vom hochgelobten »Goldenen Horn« Zlatni Rat. Die berühmte Halbinsel aus feinem Kies, die ständig mit den Gezeiten ihre Form ändert, liegt an der von Kiefern bestandenen Südseite der Insel Brač nahe dem Ferienort Bol.

## 4 Kamenice, Komiža (Vis)

**Karte B5**

Südlich, in der Nähe von Komiža gibt es einige Buchten, von denen Kamenice die größte und die am besten ausgestattete ist. Sie liegt unterhalb eines Felsvorsprungs, der von Agaven und anderen mediterranen Pflanzen bewachsen ist. In Sommernächten ist die Strandbar Treffpunkt der jungen Partyszene. In der kleinen Bucht nördlich von Kamenice sind Hunde erlaubt.

## 5 Milna, Hvar

**Karte C4**

Auch wenn es in Hvar-Stadt mehrere Strände gibt, fahren viele Besucher ins fünf Kilometer ostwärts entfernte Milna. Im Ortszentrum grenzen Steinplatten und Felsen ans Meer. Einen kurzen Marsch westwärts befindet sich ein Kiesstrand. Neben einigen guten Restaurants gibt es dort auch reichlich Parkplätze.

## 6 Trstenica, Orebić

Der feine Kies- und Sandstrand Trstenica des kleinen Ferienortes liegt in einer wahrlich malerischen Landschaft. Jenseits des

Trstenica-Strand, Orebić

Wassers kann man auf der nicht weit entfernten Insel Korčula die Terrakottadächer von Korčula-Stadt sowie die imposanten Berge der Umgebung sehen – ein atemberaubender Anblick *(siehe S. 99)*.

## 7 Pržina-Bucht, Lumbarda

**Karte E5**

Korčula-Stadt genießt hohe Bewunderung, doch das nahe Lumbarda bietet bessere Strände. Die Pržina-Bucht lockt mit einem schönen Sandstrand und Cafés. Von Korčula-Stadt kommen täglich Busse, im Sommer verkehren auch Boote. Wenn die Bucht zu bevölkert ist, bietet sich das ruhigere Bilin Žal an.

## 8 Proizd, Vela Luka (Korčula)

**Karte C5**

Auf der kleinen Felseninsel westlich von Korčula ist das Baden ein exklusives Erlebnis. Mit Wassertaxis ab Vela Luka ist Proizd schnell erreicht. Die aus Felsufern bestehende Küste wird von Kiesstränden unterbrochen, die vor allem bei FKK-Anhängern beliebt sind. Ein Restaurant und ein Café sind ganz in der Nähe.

## 9 Gradac

Die kleine Stadt Gradac bietet nicht nur den längsten Strand Kroatiens, sondern auch den besten an der Makarska Riviera. Am mit Bäumen bewachsenen Ufer erstrecken sich verschieden feine Kiesstrände, am Horizont taucht die Insel Hvar im Meer auf. Einige Strandabschnitte sind touristisch erschlossen, andere eher naturbelassen. Im Sommer findet man oft nur schwer einen ruhigen Platz *(siehe S. 88)*.

## 10 Pakleni-Inseln

**Karte B4 – C4**

Die Kette winziger Inseln vor Hvar zeichnet sich durch ihre Strände aus. »Pakleni« leitet sich vom Kiefernharz *paklina* ab, das einst zum Abdichten von Booten verwendet wurde. Die Inseln sind nur eine kurze Bootsfahrt von Hvar-Stadt entfernt. Hier gibt es kaum Fremdenverkehr, der den malerischen Eindruck der Adria trüben könnte.

Strand auf den Pakleni-Inseln

# TOP 10 Segelrouten

Segelgründe zwischen Dubrovnik und Korčula

## 1 Dubrovnik – Korčula

Die südliche Adriaroute führt von Dubrovnik *(siehe S. 12 – 19 & S. 66 – 75)* nach Koločep, Lopud, Šipan und Mljet *(siehe S. 97)*. Vom Nationalpark Mljet segeln Sie in den Pelješki-Kanal Richtung Korčula-Stadt *(siehe S. 26f)*. Lohnend ist der Abstecher von Šipan nach Ston, wo man nach Mali Ston *(siehe S. 96)* spaziert und frischen Adriafisch genießt.

## 2 Split – Dugi Otok

Die herrliche, kaum bekannte Route führt von Split *(siehe S. 30 – 33)* über Šolta *(siehe S. 79)*, Rogoznica und Žirje in den Kornaten-Archipel und zur Marina von Piškera. Von dort führt die Reise weiter nach Dugi Otok und zurück über Primošten, das sich mit den Jahren zu einem wichtigen Zentrum des Segelsports entwickelt hat.

## 3 Trogir – Lastovo

Man könnte fast neidisch werden in der Marina von Trogir *(siehe S. 28f)*, wo Millionärsyachten an der Riva anlegen, bevor Sie südwärts nach Brač *(siehe S. 78)* und Hvar *(siehe S. 34f)* sowie nach Korčula *(siehe S. 26f)* und Lastovo *(siehe S. 97)* weitersegeln. Robinson-Gefühle erlebt man auf den Inselchen Češvinica, Kručica, Stomorina und Saplun (mit Sandstrand) im Nordosten.

## 4 Vis – Korčula, via Hvar

Die direkte Route von Vis nach Korčula führt über die offene See. Allerdings ist es viel schöner, einen zwei- oder dreitägigen Abstecher zu machen – via Hvar-Stadt, die geheimnisvolle Südküste von Hvar und die unbewohnte Insel Šćedro.

## 5 Split – Vis

Viele Yachten segeln schnurstracks nach Brač und Hvar und verpassen dabei das schöne, von den Splićani bevorzugte Šolta und Vis. Hvar ist selbstverständlich auch attraktiv – nicht zuletzt wegen seiner abgeschiedenen, von imposanten Bergen umgebenen Buchten.

## 6 Buchten & Strände, Pelješac & Korčula

Korčula ist Start und Ziel auf dieser dreitägigen Tour zu den besten Stränden Süd-Dalmatiens, entlang der Südküste Korčulas mit der

Blick auf den Strand von Pelješac

Bačva-Bucht und dem Sandstrand von Pupnatska Luka. Auf der Rückfahrt segeln Sie entlang der Südküste der Halbinsel Pelješac.

## 7 Vis – Äußere Inseln

Komiža ist ein guter Ausgangspunkt auf diesem zwei- oder dreitägigen Törn, der zu den westlichsten Inseln Kroatiens führt, u. a. zum kegelförmigen, vulkanischen Eiland Jabuka und zur Inselgruppe Palagruža. Auf Biševo gibt es gute Strände und einige Tavernen.

## 8 Trogir – Dubrovnik

Auf dieser Route für wahre Segelenthusiasten liegen weite Entfernungen zwischen den Stopps. Von Trogir aus führt die Route über Hvar, Vis, Vela Luka (Korčula) und Mljet nach Dubrovnik.

**Riva in Trogir**

## 9 Split – Dubrovnik

Bei einem ausgedehnten Segeltörn hat man die Möglichkeit, Zentral- und Süd-Dalmatien – Split, Trogir, Šolta, Brač, Hvar, Vis, Korčula, Mljet und Dubrovnik – kennenzulernen. Nehmen Sie sich Zeit für die Pakleni-Inseln *(siehe S. 49)* sowie für die Inseln um die Polače-Bucht von Mljet. Bei diesem Törn kann man alle Inseln ein wenig genauer erkunden.

## 10 Trogir – Trogir

Ein Zwei- bis Drei-Tage-Trip ab Trogir führt Sie zu den fast unberührten Stränden von Drvenik Mali und Veli sowie in die Šešula-Bucht von Šolta, bevor es über die Ostküste der Insel Čiovo zurückgeht.

### Segeltipps

**Yacht in dalmatinischen Gewässern**

**1 Regeln**
Informieren Sie sich vorab über die lokalen Vorschriften in dem jeweiligen Hafen oder bei der Information.

**2 Flotillensegeln**
Flotillensegeln ist ideal für Anfänger: Es gibt kurze Etappen und bei Bedarf Hilfe vom »Mutterschiff«.

**3 Seriöse Anbieter**
**www.highpointyachting.com ▪ www.sunsail.de ▪ www.cosmos-yachting.de**
Empfehlenswert sind die Anbieter High Point Yachting, Sunsail und Cosmos Yachting.

**4 Skipper**
Skipper kennen die Gewässer und kochen sogar manchmal.

**5 Wichtige Dokumente**
Sie benötigen beglaubigte Crew- und Passagierlisten, Nachweise über die Seetauglichkeit und Versicherung des Bootes und eine Bestätigung, dass Sie selbst segeln dürfen.

**6 Anlegeplätze buchen**
Zwischen Juni und September sind Anlegeplätze rar.

**7 Nebensaison**
Die Monate Mai und September bieten im Allgemeinen gutes Wetter ohne die sommerlichen Besucherscharen.

**8 Wetterbericht**
Hören Sie stets den Wetterbericht im Radio – auf Kanal 73 für Dubrovnik, auf Kanal 67 für Split.

**9 Gepäck sparen**
Nehmen Sie wenig Gepäck mit, der Platz an Bord ist knapp.

**10 Ankerplatz**
**www.aci-marinas.com**
Wer sein Boot langfristig in Kroatien ankern will, sollte dem ACI beitreten (Adriatic Croatia International Club).

# TOP 10 Sport & Aktivurlaub

Windsurfen an der Küste Dalmatiens

## 1 Windsurfen

**Big Blue Sport Croatia: www.bigbluesport.com**

Die Küsten auf Brač und am Pelješki-Kanal (Korčula und Pelješac) sind wegen der guten Bedingungen bei Windsurfern beliebt.

## 2 Rafting

**Kentona: www.rafting-cetina.com**

Raftingtrips im Wildwasser, die den Adrenalinspiegel in ungeahnte Höhen treiben, werden immer beliebter. Einige Unternehmen bieten den Spaß auf der Cetina an. Die Fahrten dauern drei bis vier Stunden und finden auf dem Unterlauf des 105 Kilometer langen Flusses statt, 20 Minuten von der Küstenstadt Omiš *(siehe S. 89)* entfernt.

## 3 Wandern

**Headwater: www.headwater.com**

Dalmatien bietet eine fast unendliche Vielzahl an Wanderwegen. Die Palette reicht von einfachen Spaziergängen zu steilen Bergwanderungen. Fragen Sie vor Ort nach den Bedingungen und achten Sie stets auf geeignete Ausrüstung. Reisebüros bieten u. a. auch Wanderferien an der dalmatinischen Küste an.

## 4 Tennis

Nationalhelden wie Goran Ivanišević, Mario Ančić, Iva Majoli und Marin Čilić haben Tennis in Kroatien populär gemacht. Öffentliche Plätze gibt es in Ferienanlagen und Städten in ganz Dalmatien. Zu den berühmtesten Plätzen der Region gehört der in Bačvice *(siehe S. 32)* in Split, wo Goran Ivanišević einst in jungen Jahren trainierte.

## 5 Tauchen

**Kroatischer Tauchverband: www.diving-hrs.hr**

Tauchschulen an der Küste bieten Schnupper-Tauchgänge, Tauchkurse sowie Nacht- und Wracktauchen an und verleihen Tauchausrüstungen. Zu den besten Tauchrevieren zählt die Blaue Grotte von Biševo bei der Insel Vis mit unzähligen Wracks. Nähere Informationen erhalten Sie beim kroatischen Tauchverband.

## 6 Klettern

Die steilen Gipfel der Velebit-, Biokovo- und Dinaric-Berge üben eine unwiderstehliche Faszination auf Bergsteiger aus, die aus ganz Europa anreisen. Es gibt auch zahlreiche, häufig organisierte Klettertouren auf den Klippen und in den Canyons rund um Split.

Felsklettern in der Nähe von Split

## 7 Schwimmen

Angesichts der langen kroatischen Küste verwundert es nicht, dass Schwimmen hier ein beliebter Sport ist. Wer nicht gern im Meer badet, kann auf ufernahe Schwimmbäder, etwa in Korčula und Split, ausweichen.

## 8 Seekajakfahren

Dalmatien ist mit seiner zerklüfteten Küste und den vielen Inseln ein idealer Ort zum Seekajakfahren. Die meisten Touren führen in die Umgebung von Dubrovnik und um die Elaphiten. Die Fahrten dauern von wenigen Stunden bis zu einer Woche. Vor Ort organisieren Reisebüros in Dubrovnik Ausflüge.

Seekajakfahren bei Dubrovnik

## 9 Schnorcheln

Die Erkundung der Gewässer ist preisgünstig und einfach: Maske und Flossen anziehen, und schon kann es losgehen.

## 10 Picigin, Split

Der Sommersport *picigin* ist eine Besonderheit von Split. Die sportliche Betätigung ist dabei gar nicht so wichtig. Stellen Sie sich in Bačvice *(siehe S. 32)* einfach mit Ihrer besten Badehose und einer schicken Sonnenbrille ins Meer, werfen Sie elegant einen kleinen schwarzen Gummiball und fangen Sie ihn mit einer Hand wieder auf.

### Sport

**Fußball: Italien gegen Kroatien**

**1 Fußball**
In Dalmatien liebt man Fußball. Erstligist Hajduk Split hat besonders viele Anhänger, die dem Fanclub Torcida angehören.

**2 Basketball**
Dalmatiens Stars Dražen Petrović (1964–1993) und Krešimir Ćosić (1948–1995), machten den Sport hier populär.

**3 Tennis**
Kroaten unterstützen ihre einheimischen Tennistalente mit der gleichen Energie, mit der sie auch selbst spielen.

**4 Segeln**
Mit regelmäßigen Regatten ist Segeln hier mehr als ein Freizeitvergnügen.

**5 Beachvolleyball**
In der Hochsaison finden an der Makarska Riviera überall Spiele statt.

**6 Wasserball**
Nicht nur wegen des starken Nationalteams ist Wasserball weitverbreitet.

**7 Leichtathletik**
Die Kroaten lieben Leichtathletik. Die in Split geborene Blanka Vlašić ist zweifache Weltmeisterin im Hochsprung. Bei Olympischen Spielen gewann sie die Silber- und Bronzemedaille.

**8 Radrennen**
Brač veranstaltet im Mai den dreitägigen Radmarathon Uvati Vitar. Beim Radrennen Tour of Croatia führt eine der Etappen durch Dalmatien.

**9 Handball**
Der Sport wurde noch populärer, nachdem Kroatien bei den Olympischen Spielen 2004 Gold gewonnen hatte.

**10 Rudern**
Die Skelin-Brüder aus Split gewannen 2004 olympisches Silber. Die meisten dalmatinischen Städte haben einen Ruderclub.

# TOP 10 Kinder

Auch Kinder finden die Stadtmauer von Dubrovnik sehr spannend

## 1 Festungen & Türme

In ganz Dalmatien gibt es viele Türme und Festungen mit tollen Ausblicken. Sparen Sie nicht an Sonnencreme und nehmen Sie viel Wasser mit. Cafés am Weg zu den Aussichtspunkten, auf den Türmen und in den Burgen helfen, die Strapazen für die Kleinen etwas zu mildern.

## 2 Aquaparks

In den Ferienzentren Dalmatiens schießen Aquaparks wie Pilze aus dem Boden. Darunter sind auch aufblasbare, mobile Aquaparks mit Wasserrutschen, Rampen und Laufstegen, die sich in Strandnähe im seichten Meer befinden. Dort können die Kinder unter Aufsicht ins Wasser rutschen. In der Regel wird eine Eintrittsgebühr verlangt, Rettungswesten werden gestellt. Sehr gute Aquaparks sind in Bol *(siehe S. 78)* und am Soline-Strand bei Vrboska *(siehe S. 80)*.

## 3 Open-Air-Kinos

Früher zählten Freilichtkinos quasi zum Sommeralltag in Dalmatien. In den letzten Jahren hat diese schöne Tradition eine Wiedergeburt erlebt. Restaurierte Open-Air-Kinos, u. a. in Dubrovnik, Bol, Supetar, Split, Vis-Stadt und Hvar-Stadt, bieten Familien mit Kindern Unterhaltung an lauen Sommerabenden.

## 4 Schwimmbäder

Dalmatien bietet nicht die elegantesten, aber einige der am schönsten gelegenen Schwimmbäder in Europa. Während Kinder planschen, können Eltern den Ausblick auf die Altstadt von Korčula, die Insel Šolta oder die Bucht von Šibenik genießen.

## 5 Spielplätze

In jeder dalmatinischen Stadt gibt es Spielplätze mit Schaukeln, Rutschen und Klettergerüsten. Die wohl besten Plätze liegen hinter dem Hauptstrand von Makarska *(siehe S. 87)* und an der Südseite vom Hafen Gruž in Dubrovnik.

## 6 Abenteuersport

Reisebüros vor Ort können Raftingtouren, Segeltörns, Ausflüge mit Kanu und Seekajak sowie Moun-

Rafting auf dem Cetina-Fluss

tainbiketouren und Wanderungen organisieren, die für ältere Kinder und Jugendliche geeignet sind.

## 7 Fähren

An der gesamten dalmatinischen Küste bieten schier unzählige Katamarane und Fähren in allen Formen und Größen Ausflugsfahrten zu einer der Inseln an. Für Kinder können diese Touren zu einem wahren Meeresabenteuer werden. Im Hochsommer sollte man hierfür das Auto stehen lassen.

## 8 Ferienhotels

Die großen Ferienhotels sind mit Swimmingpools, Tennisplätzen und anderen Freizeiteinrichtungen ausgestattet. Familien mit jüngeren Kindern sollten Zimmer mit Voll- oder Halbpension buchen.

**Kinderfreundlich: Amfora Resort, Hvar**

## 9 Radfahren

Abseits der vollen Landstraßen und Urlaubsorte bietet Dalmatien reichlich Möglichkeiten zum Radfahren. Viele Hotels und Zeltplätze vermieten Räder an Gäste. Kindersitze sind ebenfalls erhältlich.

## 10 Strände

Sandstrände sind in Dalmatien eher selten, dafür gibt es aber lange, saubere und sonnige Kiesstrände. Selbst im Hochsommer werden Sie einsame Abschnitte finden. An öffentlichen Stränden gibt es Snackbars, Sonnenliegen und Sonnenschirme. Manche sind sogar mit Umkleidekabinen und Duschen ausgestattet.

### Spaß für Kinder

**Windsurfen, Zlatni Rat**

**1 Zlatni Rat, Bol**
Einer der besten Familienstrände Dalmatiens. Man kann windsurfen und Kajak fahren, zudem gibt es einen Aquapark.

**2 Kroatiens »Totes Meer«**
Im Salzwasser des vom Meer gespeisten Sees Mrtvo more auf Lokrum *(siehe S. 20)* kann man sich treiben lassen.

**3 Blaue Grotte, Biševo**
An sonnigen Tagen ist die Blaue Grotte besonders eindrucksvoll *(siehe S. 23)*.

**4 Strandsport, Hvar**
Am Strand beim Amfora Resort kann man Schnorchelausrüstungen und Mountainbikes mieten.

**5 Spanische Festung, Hvar-Stadt**
Die Festung (16. Jh.) gefällt Jung und Alt. Beim steilen Anstieg können sich Kinder austoben.

**6 Žnjan, Split**
Der große Kiesstrand liegt vier Kilometer östlich des Zentrums und ist gut ausgestattet, beispielsweise mit Trampolinen und Spielplätzen.

**7 Bačvice-Strand, Split**
Das Wasser in der sandigen Bačvice-Bucht ist seicht, ideal für Kinder zum Paddeln und Spielen.

**8 Banje-Strand, Dubrovnik**
Die Banana-Boat-Fahrten sind bei älteren Kindern beliebt *(siehe S. 48)*.

**9 Festung Klis**
Diese mittelalterliche Festung liegt oberhalb der gleichnamigen Stadt – für fantasievolle Kinder ein »Abenteuerspielplatz« *(siehe S. 88)*.

**10 Sokol Grad**
Düster wirkt die Burg hoch auf einem Felsen; drinnen gibt es audiovisuelle Vorführungen.

# TOP 10 Restaurants

Sashimi im Bugenvila, Cavtat

## 1 Bugenvila, Cavtat

Das schöne Lokal mit freundlichem Service und wunderbar kreativen Köstlichkeiten aus der Küche ist eines der besten Restaurants in Süd-Dalmatien. Selbstverständlich werden nur frische Zutaten verwendet, die Speisekarte wechselt dementsprechend. Die Cocktails sind großartig *(siehe S. 101)*.

## 2 Pojoda, Vis-Stadt

Das Pojoda ist nicht nur ein erstklassiges Seafood-Restaurant, es ist geradezu berühmt für traditionelle Inselgerichte, die mancherorts längst vergessen sind *(siehe S. 83)*.

## 3 Vila Koruna, Mali Ston

Genießen Sie Austern und Muscheln, die direkt aus dem Meer vor dem Restaurant auf die Teller kommen. Fisch und Seafood sind so frisch, dass auch einfache Gerichte auf der Karte ein wahrer Genuss sind. Zudem werden die Gäste hier auch mit äußerst raffinierten Kreationen verzaubert *(siehe S. 101)*.

## 4 Bakus, Ston

Ston gilt als die Austern-Hauptstadt Süd-Dalmatiens. Im Bakus kommen auch andere Meeresfrüchte sowie Gemüse aus dem eigenen Garten auf den Tisch. Die Pasta mit Seafood schmeckt außerordentlich gut *(siehe S. 101)*.

## 5 Speeza, Hvar-Stadt

Das Slow-Food-Restaurant zählt bei vielen Feinschmeckern zu den Lieblingslokalen. Der Chef selbst bereitet die von ihm zusammengestellten Menüs in der offenen Küche zu. Empfehlenswert ist das Probiermenü. Reservierung ist vonnöten *(siehe S. 83)*.

## 6 Jastožera, Komiža

Das Fischerdorf Komiža ist berühmt für seinen Hummer, und das Jastožera – der Name bedeutet »Hummerstift« – ist das beste Lokal, ebensolchen zu genießen. Die Tische gruppieren sich rund um ein großes Wasserbecken mit den frisch gefangenen Hummern. Die Fischgerichte sind ebenfalls vorzüglich *(siehe S. 83)*.

## 7 Noštromo, Split

Das wohl beste Speiselokal im Zentrum liegt unweit vom Fischmarkt. Kein Wunder, dass hier nur frischeste Ware verarbeitet wird *(siehe S. 93)*.

## 8 Nautika, Dubrovnik

Das Nautika, lange Zeit das bekannteste Lokal der Stadt, wird von manchen Gästen kritisiert, die meisten sind jedoch begeistert. Auf der Speisekarte stehen überwiegend

Nautika, Dubrovnik

Gerichte mit Fisch aus der Region, es gibt aber auch Fleischgerichte und Vegetarisches. Ein Plus ist der herrliche Ausblick von der schönen Terrasse auf die Altstadt auf der einen und die Festung Lovrijenac auf der anderen Seite *(siehe S. 75)*.

## Adio Mare, Korčula-Stadt

Das lebhafte Fischlokal, im *Gault Millau* von 2018 mit zwei Kochmützen ausgezeichnet, liegt in der Altstadt von Korčula-Stadt in der Nähe des angeblichen Geburtshauses von Marco Polo. Der duftende Rauch vom Fischgrill lockt Hungrige in Scharen an. Dennoch schafft es das Lokal, alle Gäste mit hoher Qualität zufriedenzustellen *(siehe S. 83)*.

**Beliebt und gut besucht: Adio Mare in Korčula-Stadt**

## 10 Orsan, Dubrovnik

Das Orsan liegt wunderbar zentral in der Altstadt von Dubrovnik. In diesem klassischen dalmatinischen Fischrestaurant finden sich zahlreiche Einheimische ein, die sich Oktopussalat, schwarzes Risotto (mit Tintenfisch) und andere köstliche Gerichte von der umfangreichen Fischkarte bestellen. Am schönsten sitzt man an den Tischen im Freien unter den Pinien gleich beim Wasser mit den Yachten und Booten *(siehe S. 75)*.

### Spezialitäten

**Scampi – einfach köstlich!**

**1 Scampi *(Buzara)***
Schonend gegarte Scampi in einer Sauce aus Tomaten, Zwiebeln und Kräutern sind eine köstliche und reichhaltige Spezialität aus Dalmatien.

**2 Ston-Austern *(Oštrige)***
Himmlische Austern direkt aus dem Meer bekommt man in Mali Ston.

**3 Pager Käse *(Paški sir)***
Auf Pag wird ein spezieller salziger und sehr leckerer Schafskäse produziert.

**4 Schwarzes Risotto**
Tintenfisch ist aus der adriatischen Küche nicht wegzudenken und wird auf unterschiedliche Art und Weise zubereitet. Das mit der Tinte der Tintenfische schwarz gefärbte Risotto steht auf fast jeder Speisekarte.

**5 Dalmatinischer Schinken *(Pršut)***
Dieser luftgetrocknete Räucherschinken wird häufig mit Pager Käse als Vorspeise serviert.

**6 Lamm *(Janjetina)***
Das schmackhafte Lammfleisch wird mit mediterranen Kräutern garniert.

**7 Hummer *(Jastog)***
Gäste können sich ihren Hummer im Aquarium oft selbst aussuchen.

**8 Schmorbraten *(Pašticada)***
Der Rinderschmorbraten zählt zu den bekanntesten Fleischgerichten Dalmatiens. Die Speise wird häufig zu besonderen Anlässen serviert.

**9 Istrische Trüffeln *(Tartufi)***
Istrische weiße und schwarze Trüffeln stehen denen aus Frankreich und Italien in nichts nach.

**10 Gegrillter Fisch**
Diese dalmatinische Spezialität ist ebenso schlicht wie köstlich – frischer Fisch, gegrillt, nur mit Salz und Olivenöl verfeinert. Fertig!

Preiskategorien siehe S. 75

# TOP 10 Souvenirs

## 1 Schokolade

Einheimische Schokolade ist ein wichtiger Bestandteil der kroatischen Confiserie. Charakteristisch ist die Verwendung mediterraner Aromen, die aus heimischen Früchten gewonnen werden, z. B. Mandarinen, Zitronen, Feigen, Johannisbrot *(rogač)*, Lavendel und Meersalz.

## 2 Wein

Dalmatinische Qualitätsweine sind u. a. die Rotweine Plavac, Dingač und Postup von der Halbinsel Pelješac. Grk und Pošip (weiß) gedeihen auf Korčula. Winzer in der Region Konavle stellen den Weißwein Dubrovačka Malvazija her. Exzellente Weißweine außerhalb Dalmatiens sind der Žlahtina von der Insel Krk, der Graševina aus Slawonien und der Malvazija aus Istrien. Am besten kauft man Wein auf den Weingütern oder in einer *vinoteka*.

## 3 Kroatische Spirituosen

In Dalmatien trinkt man vor und nach dem Essen gern einen Trauben-, Kräuter- oder Pflaumenschnaps, *rakija* genannt. *Lozovača* wird aus Trauben destilliert und ähnelt dem italienischen *grappa*. *Travarica* gewinnt man aus Trauben und Kräutern. *Šljivovica* ist eine Doppeldestillierung aus Pflaumen. Zahlreiche gute *rakijas* werden aus einheimischen Früchten gemacht, beispielsweise aus Feige *(smokva)*, Blaubeere *(borovnica)* und Walnuss *(orahovača)*. Spirituosen sind beliebte Urlaubsmitbringsel.

Kroatische Spirituosen

Eine Auswahl feiner Spitze

## 4 Spitze

Spitze gibt es in vielfältigen Varianten, etwa in Form von Tisch- und Taschentüchern oder Kleidung. Sie wird in Boutiquen in ganz Dalmatien verkauft. Authentisch ist die komplex gemusterte handgemachte Spitze von der Insel Pag oder die von Nonnen gefertigte Spitze aus Hvar-Stadt. Das Garn wird aus Blättern von Agaven gewonnen, die auf der Insel wachsen.

## 5 Krawatten

Das Wort *cravate* mag aus dem Französischen stammen, die Krawatte selbst kommt jedoch aus Kroatien. Im Dreißigjährigen Krieg nannten französische Kavalleristen die Art, wie die Kroaten ihre Halstücher trugen, *à la cravate* (»kroatisch«). Qualitätskrawatten gibt es in den Croata-Läden *(siehe S. 72)* in Dubrovnik und Split.

## 6 Schmuck

Dalmatien ist für die leuchtend roten Adria-Korallen und für schönen Schmuck bekannt. Qualität und Preis hängen vom jeweiligen Laden ab. Die gehobenen Boutiquen in Hvar-Stadt und auf der Insel Zlarin sind seriöse Läden für zeitgemäßen Korallenschmuck. Juweliere in Zadar und Dubrovnik bieten ausgezeichneten Gold- und Silberschmuck an.

### 7 Lavendel

Die herrlich duftende Pflanze wird seit 75 Jahren auf Hvar angebaut. Die daraus hergestellten Öle und Balsame stellen für die Inselbewohner eine wichtige Einkommensquelle dar. Im späten Frühjahr und im Frühsommer überzieht der Duft des Lavendels die Insel. In ganz Hvar-Stadt werden zahllose Lavendelprodukte an Ständen verkauft.

### 8 Delikatessen

*Paški sir* (Pager Käse), *pršut* (luftgetrockneter geräucherter Schinken), Olivenöl und Honig sind erstklassig. Delikatessen sollten Sie beim Hersteller (auf Hinweisschilder am Straßenrand achten) oder auf Märkten kaufen. Auch Supermärkte führen eine gute Auswahl.

**Wurst und Schinken aus Kroatien**

### 9 Trachtenpuppen

Puppen in traditioneller Tracht gibt es überall in Dalmatien in zahlreichen Formen – von billigen Souvenirs bis hin zu Puppen in handgemachten Kleidern. Eine modernere Variante sind Keramikpuppen.

### 10 Designer

Ein wahrer Design-Boom hat Kroatien erfasst und eine Vielzahl an kreativen Einheimischen hervorgebracht, die ideenreich ihre Vorstellungen umsetzen. Individuell gefertigte Taschen, Broschen, Schals und Kleidung, aus dem ganzen Land und aus der Region, sind überall in Split und Hvar-Stadt zu finden.

#### Shopping-Tipps

**Delikatessen von Uje**

**1 Uje, Dubrovnik**
Spezialität des Hauses ist feines Olivenöl, gut sind auch *rakija*, Kekse und Seifen *(siehe S. 72)*. In Bol, Korčula, Split, Trogir und Supetar gibt es ebenfalls Filialen.

**2 Dubrovačka Kuća, Dubrovnik**
Der Geschenkeladen ist gleichzeitig eine Kunstgalerie *(siehe S. 72)*.

**3 Delicium Nostrum, Trogir**
**Karte B3 ▪ Obrov 2**
Hier kann man regionale Delikatessen und kroatische Weine kaufen.

**4 Sebastian, Dubrovnik**
**Karte G9 ▪ Svetog Dominika 5**
Die Galerie bietet Werke bekannter Künstler aus Ex-Jugoslawien an.

**5 Prokurative, Split**
**Karte L2 ▪ Trg Republike**
Auf dem Open-Air-Wochenendmarkt gibt es u. a. Designerklamotten.

**6 Hvaroom, Hvar-Stadt**
**Karte C4 ▪ Trg svetog Stjepana**
Die freundliche Boutique führt hochwertige Accessoires, Drucke und Postkarten.

**7 Diokletianpalast, Split**
Die Souvenirstände im Hauptsaal bieten alles Erdenkliche an *(siehe S. 30f)*.

**8 Bonbonnière Kraš, Dubrovnik**
**Karte G9 ▪ Luža 1**
Der bekannte kroatische Schokoladenhersteller verkauft Pralinen, Gebäck, Kekse und Liköre.

**9 Life According to KAWA, Dubrovnik**
**Karte H8 ▪ Hvarska 2**
Der Souvenir- und Designshop führt Kosmetika und Weine.

**10 Nadalina, Split**
**Karte N2 ▪ Dioklecijanova 6**
Nadalinas großartige Schokoriegel sind verführerische Mitbringsel.

# TOP 10 Kostenlose Attraktionen in Dubrovnik & an der Küste

## 1 Sonnenuntergang an der Porporela, Dubrovnik

An zahlreichen Plätzen in Dubrovnik kann man wunderschöne Sonnenuntergänge erleben. Wahrscheinlich gibt es auch spektakulärere Stellen als an der Porporela-Mole unweit vom Alten Hafen – aber ganz sicher nicht sehr viele.

## 2 Am Strand, Dubrovnik

Im Allgemeinen muss man für einen Sonnenschirm oder eine Sonnenliege zahlen, jedoch nicht an den Stränden Dubrovniks. Sie brauchen nur Ihr Handtuch auf einem freien Platz in guter Entfernung der Strandbars auszubreiten. Doch Vorsicht: In Kroatien kann man sich keinen Platz reservieren – Tücher, die man über Nacht liegen lässt, werden konfisziert.

## 3 Küstenspaziergang, Dubrovnik

Es gibt viele Möglichkeiten zum Spazierengehen, u. a. an der Strandpromenade inner- und außerhalb der Altstadt. Ein landschaftlich reizvoller Weg führt vom Lapad-Strand rund um die Halbinsel Babin Kuk.

## 4 Auf der Serpentina hinauf zum Srđ

Der Berggipfel oberhalb von Dubrovnik lässt sich mit der Seilbahn schnell und bequem erreichen. Erlebnisreicher ist es jedoch, den Berg zu Fuß zu bezwingen. Auf dem im Zickzackkurs verlaufenden Pfad, Serpentina genannt, ist man von der Altstadt in rund 80 Minuten oben. Nehmen Sie einen Hut und ausreichend Trinkwasser mit.

Grandioser Blick von der Serpentina

## 5 Altstadtbummel durch Dubrovnik

Was ist wohl die größte Attraktion von Dubrovnik? Für viele sicher die Altstadt in ihrer Gesamtheit. Es ist ein wahrer Genuss, auf einem Bummel durch die Gassen Atmosphäre zu tanken. Eine faszinierende Möglichkeit, das stimmungsvolle Ambiente aufzunehmen.

## 6 Diokletianpalast, Split

Nur sehr selten findet man so eine spektakuläre historische Stätte wie diese, die zudem gratis zu betreten ist. Der Gesamtkomplex mit seinen Bars, Läden, Kirchen und Wohnhäusern ist einzigartig.

Diokletianpalast, Split

## 7 Botanischer Garten im Naturpark Biokovo

Nur wenige Kilometer von Makarska entfernt, am Bergfuß von Biokovo, erstreckt sich ein wunderschöner botanischer Garten, der sich an einem Abhang über dem Dorf Kotišina befindet. Neben zahllosen Pflanzenarten gibt das Areal auch herrliche Blicke auf die Küste frei.

## 8 Entspannen in Đorđić-Maineri-Park, Lopud

Diese grüne Oase der Ruhe in Meeresnähe liegt auf der Insel Lopud. Der restaurierte, von vielen Bäumen bestandene Park Đorđić-Maineri erstrahlt im Glanz des 19. Jahrhunderts wie nur wenige in Dalmatien.

Park Đorđić-Maineri, Lopud

## 9 Ausblick vom Marjan, Split

Der Marjan, eine bewaldete Anhöhe im Westen von Split, ist die grüne Lunge der Stadt und das Naherholungsgebiet der Einwohner. Einer der zahlreichen Wege führt hinauf auf den Gipfel des Telegrin. Von dort oben eröffnet sich ein herrlicher Ausblick auf die Adria und die dalmatinische Küste.

## 10 Straßenfestivals

Bei den alljährlich stattfindenden Festen füllen sich die Straßen mit Nachtschwärmern, die bei Musik und Tanz bis in die frühen Morgenstunden feiern, z. B. beim Makarska Cultural Summer (Juni–Aug). Bedeutende kirchliche Feiertage sind das Blasiusfest (3. Feb) in Dubrovnik und das Sv.-Duje-Fest (7. Mai) in Split *(siehe S. 62f)*.

### Dubrovnik & dalmatinische Küste für wenig Geld

Malerische Fahrt mit der Fähre

**1 Fähre**
Wenn möglich, verzichten Sie auf das Auto, wenn Sie mit der Fähre auf eine Insel fahren. Ohne Pkw ist es günstiger.

**2 Selbstversorger-Apartments**
Unterkünfte für Selbstversorger sind im Allgemeinen preiswerter als ein Hotelzimmer.

**3 Cafés**
Trinken Sie Ihren Morgenkaffee in einer Bar außerhalb der Altstadt. Dort ist er sicher viel billiger – und vermutlich auch noch besser.

**4 Kleine Restaurants**
Bevorzugen Sie Restaurants mit Tageskarte oder Mittagsmenü.

**5 Nebensaison**
In der Nebensaison sind die Preise für Unterkünfte wesentlich niedriger als in der Hauptsaison (Juni–Sep).

**6 Eigener Sonnenschirm**
Legen Sie sich einen Sonnenschirm oder ein Zelt zu. Das kommt auf die Dauer billiger als die täglichen Leihgebühren.

**7 Heimische Weine**
Bevorzugen Sie heimische Weine. Sie sind ausgezeichnet und um einiges günstiger als die importierten Tropfen.

**8 Boote**
Anstatt der schnelleren und teureren Katamaran-Fähren nehmen Sie eines der langsameren Boote zu den Inseln.

**9 Selbstverpflegung**
Auf den Märkten können Sie sich preiswert mit Käse und Schinken sowie frischem Obst eindecken.

**10 Rückfahrkarte**
Mit einer Hin- und Rückfahrkarte für Busfahrten entlang der Küste sparen Sie Zeit und Geld.

# TOP 10 Feste & Veranstaltungen

## 1 Blasiusfest, Dubrovnik

Am 3. Februar gedenken die Bürger von Dubrovnik ihres Schutzheiligen *(siehe S. 45)*. Die Feiern beginnen um zehn Uhr mit einer Messe im Freien an der Kathedrale. Um 11.30 Uhr werden Reliquien des hl. Blasius in einer Prozession durch die Stadt getragen.

## 2 Karneval

Am Faschingsdienstag verbrennen Maskierte bei den spektakulären Karnevalsumzügen in Split symbolisch den Krnje. Diese mythische Figur verkörpert alles Böse, das der Stadt im vergangenen Jahr zustieß. Am selben Tag feiert man auf Lastovo mit dem Poklad-Fest den Sieg über Piraten im 15. Jahrhundert. Dabei wird eine Puppe gejagt, gefangen und verbrannt.

## 3 Sv.-Duje-Fest, Split

Des Schutzpatrons von Split gedenkt man am 7. Mai. Zahllose Menschen wohnen der Prozession an der Riva bei, bevor sich der Zug zum Palast begibt. An den Ständen werden Devotionalien verkauft.

## 4 Festival des mediterranen Films, Split

**Anfang Juli ■ www.fmfs.hr**

Bei diesem einwöchigen Festival stehen Filmproduktionen aus Südeuropa im Mittelpunkt. Filmvorführungen finden im Kino Zlatna Vrata im Palastviertel und im Open-Air-Kino auf dem Bačvice-Strand statt.

## 5 Musikfestival im Orsula-Park, Dubrovnik

Ein grandioses Ambiente in einzigartiger Lage – die Open-Air-Bühne liegt in einem Bergpark außerhalb von Dubrovnik mit Blick auf die Altstadt und die Insel Lokrum. Im Sommer spielen hier Musiker aus Rock und Jazz. Das Event bei Sonnenuntergang und später unter dem Sternenhimmel ist unvergesslich.

## 6 Sommerfestival, Split

**Mitte Juli – Ende Aug ■ www.splitsko-ljeto.hr**

Oper, Ballett, klassische Musik, Pop und Theateraufführungen verschönern den Sommer in Split. Höhepunkte sind die Open-Air-Produktionen im Diokletianpalast *(siehe S. 30f)*, insbesondere die Aufführung von Verdis *Aida* im Peristyl.

## 7 Dubrovnik Festival

**Mitte Juli – Ende Aug ■ www.dubrovnik-festival.hr**

Seit über 60 Jahren finden im Rahmen des Festivals Theater, Tanz und Musik an historischen Stätten, in Kirchen und auf Freilichtbühnen in der Altstadt statt. Die Shakespeare-Aufführungen in der Festung Lovrijenac sind schnell ausverkauft.

**Musiker auf dem Dubrovnik Festival**

## 8 Moreška, Korčula-Stadt

Der traditionelle Schwerttanz aus dem 12. Jahrhundert *(siehe S. 26)* wird zu Ehren des hl. Theodor (29. Juli) – in der Hauptsaison auch montags und donnerstags – aufgeführt. Der Weiße und der Schwarze König buhlen zur Musik von Blechblasinstrumenten um die Gunst einer schönen Frau.

**Moreška, ein traditioneller Schwerttanz**

## 9 Diokletian-Tage, Split

Split zelebriert im August die Diokletian-Tage und erinnert an den berühmtesten Einwohner der Stadt: Kaiser Diokletian, hier von einem einheimischen Schauspieler verkörpert. Bei den Feierlichkeiten erwacht das Altertum zu neuem Leben, mit antiken Gewändern, Umzügen und kulinarischen Genüssen. In allen Gassen der Stadt sind Trommeln und Musik zu hören.

## 10 Sommerfestivals

Von Juli bis August finden in ganz Dalmatien Sommerfestivals statt. Sie dauern zwischen zwei Wochen und zwei Monaten und bringen Tanz, Schauspiel und Musik in die Theater und auf die Freilichtbühnen. Interessant sind vor allem die Festivals von Cavtat, Hvar-Stadt, Makarska, Ston und Trogir.

### Veranstaltungsorte

**Poljud-Stadion, Split**

**1 Poljud-Stadion, Split**
Im Heimstadion des Fußballclubs Hajduk Split finden Rockkonzerte und das Ultra-Festival für Techno statt.

**2 Rektorenpalast, Dubrovnik**
Klassische Freiluftkonzerte locken von April bis Oktober in das Atrium *(siehe S. 18f)*.

**3 Palais Sponza, Dubrovnik**
Das Palais (16. Jh.) besitzt einen stimmungsvollen Innenhof *(siehe S. 14)*.

**4 Sv. Spas, Dubrovnik**
Die Renaissancekirche in der Altstadt bietet am Montag um 21 Uhr Klassik *(siehe S. 15)*.

**5 Stadttheater, Hvar-Stadt**
**Trg svetog Stjepana ▪ +385 21 742 935**
Das Theater gehört zu den ältesten in Europa.

**6 Freilichtbühne, Korčula-Stadt**
Die kompakte runde Arena liegt über dem Hafen und der Halbinsel Pelješac.

**7 Orsula-Park, Dubrovnik**
Die herrliche Naturbühne unter freiem Himmel lässt die Blicke über das Meer und auf die Insel Lokrum schweifen.

**8 Freilichtkino, Vis-Stadt**
Unter all den kroatischen Sommerkinos ist das Open-Air-Kino von Vis-Stadt, das direkt am Meer liegt, am schönsten.

**9 Kroatisches Nationaltheater, Split**
**Trg Gaje Bulata 1 ▪ +385 21 306 908**
Die beeindruckende Bühne präsentiert Oper, Ballett und klassische Musik.

**10 Marin-Držić-Theater, Dubrovnik**
**Pred Dvorom 3 ▪ +385 20 321 088**
Das schöne Theater bietet ein breites Programm.

# Dubrovnik & Küstenregionen

Ruderboote im kleinen Hafen von Komiža, Insel Vis

# TOP 10 Dubrovnik

Für Lord Byron war Dubrovnik die »Perle der Adria« und George Bernard Shaw empfahl sogar, dort das Paradies auf Erden zu suchen. Der ehemalige Stadtstaat hat sich von den Schäden der Angriffe von 1991/92 wieder erholt und wartet mit einer der schönsten und am besten erhaltenen barocken Altstädte in Europa auf. Die sorgfältig gepflegten Kirchen, Paläste und historischen Steinhäuser stehen innerhalb der wehrhaften Stadtmauer, die Dubrovniks berühmte *libertas* (Freiheit) jahrhundertelang schützte. Viele der heutigen Häuser wurden nach dem Erdbeben von 1667 detailgetreu wiederaufgebaut.

Säule am Rektorenpalast

## 1 Kathedrale

**Karte G10 ■ Poljana Marina Držića ■ +385 20 323 459 ■ Schatzkammer: Apr–Okt: Mo–Sa 9–17, So 11–17 Uhr; Nov–März: Mo–Sa 10–12, 15–17 Uhr, So 11–12, 15–17 Uhr ■ Eintritt**

Die von italienischen Baumeistern nach dem Erdbeben von 1667 errichtete barocke Kathedrale ersetzte einen romanischen Bau. Berühmt ist die Sammlung von rund 200 Reliquiaren, darunter ein byzantinisches

Blick auf Dubrovniks Altstadt

(12. Jh.) mit dem Totenschädel des hl. Blasius sowie dessen Hand- und Fußreliquiare. Sehenswert sind zudem ein angebliches Fragment des Christuskreuzes sowie die Nachbildung eines Madonnenbildes von Raffael, die der Meister selbst angefertigt haben soll *(siehe S. 45)*.

## 2 Museum für Moderne Kunst

**Karte K9 ■ Put Frana Supila 23 ■ +385 20 426 590 ■ Di–So 9–20 Uhr ■ www.ugdubrovnik.hr ■ Eintritt**

Die Sammlung befindet sich in einer Villa, deren Architektur Elemente der Renaissance und der Gotik aufweist. Besonders sehenswert sind die Skulpturen von Ivan Meštrović (1883–1962) und die Porträts von Vlaho Bukovac (1855–1922).

## 3 Dominikanerkloster

**Karte G8 ■ Svetog Dominika 4 ■ +385 20 321 423 ■ Mai–Okt: tägl. 9–18 Uhr; Nov–Apr: tägl. 9–17 Uhr ■ Eintritt**

Unter der Bedingung, dass sie den östlichen Zugang mit schützten, durften sich die Dominikaner im 14. Jahrhundert in der Stadt niederlassen. Nachdem das Erdbeben von

**Dominikanerkloster und Hafen**

1667 den 1315 begonnenen Originalkomplex zerstört hatte, wurden die Klostergebäude von Grund auf neu errichtet. Höhepunkte sind der gotische Kreuzgang, das *Kruzifix* von Paolo Veneziano (14. Jh.) in der Kirche sowie das Museum mit dem Tizian-Gemälde *Hl. Blasius, hl. Maria Magdalena, der Engel Tobias und der Käufer*. Der kniend abgebildete Mann gehört zur Familie Gučetić (Gozze), die das Werk stiftete.

## 4 Rektorenpalast

Hier wohnte der Rektor, das Stadtoberhaupt von Dubrovnik, ohne seine Familie während seines einmonatigen Mandats. Den Palast durfte er nur für amtliche Geschäfte verlassen *(siehe S. 18f)*.

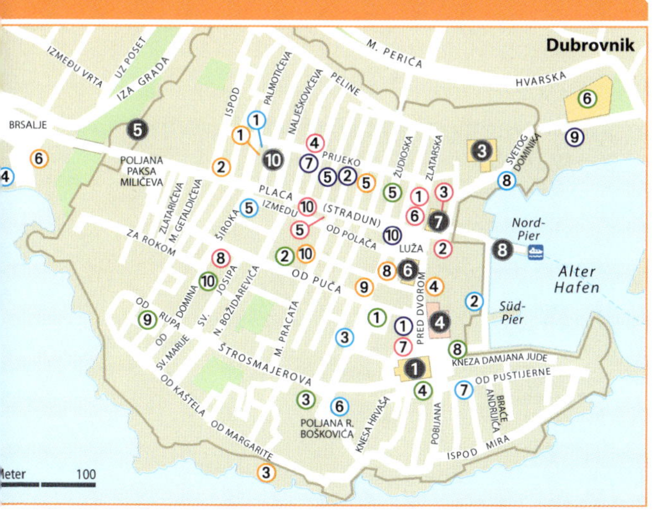

**Fall der Republik**

Dubrovnik war stets stolz auf seine *libertas*, musste sie jedoch am 25. Mai 1806 für Frankreichs Hilfe zur Abwehr der russisch-montenegrinischen Belagerung aufs Spiel setzen. Die Franzosen blieben länger als erwünscht – am 31. Januar 1808 wurde die Republik Ragusa unter dem Namen Dubrovnik offiziell Teil der »Illyrischen Provinzen« Napoléons.

## 5 Stadtmauer

Dubrovnik lernt man beim Spaziergang rund um die Stadtmauer am besten kennen *(siehe S. 12f)*.

## 6 Sv. Vlaho

Die ursprüngliche Blasiuskirche aus dem 14. Jahrhundert überstand zwar das Erdbeben relativ intakt, fiel aber 1706 einem Brand zum Opfer. Noch im selben Jahr begannen die Arbeiten am Neubau nach Entwürfen des Italieners Marino Gropelli, der sie innen wie eine Barockkirche aus seiner Heimat gestaltete. Die reich verzierte Fassade gliedern vier Säulen, darüber ragen mehrere Heiligenfiguren auf. Die für diesen Teil Europas ungewöhnlichen Buntglasfenster wurden erst im späten 20. Jahrhundert hinzugefügt *(siehe S. 15 & S. 45)*.

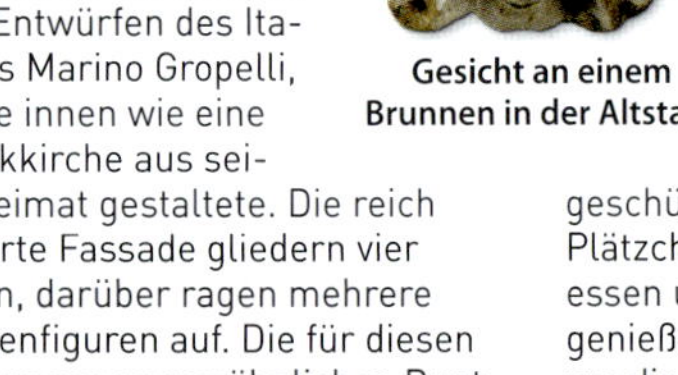

Gesicht an einem Brunnen in der Altstadt

## 7 Stradun & Palais Sponza

Der Stradun *(siehe S. 14f)* ist die Hauptschlagader der Altstadt. Die Fußgängerzone wird von imposanten Gebäuden gesäumt, die nach dem Erdbeben von 1667 entstanden sind. Das Palais Sponza (1506–22) von Paskoje Miličević überstand als eines von wenigen Bauwerken diese Naturkatastrophe. Von außen bietet es eine Kombination aus Gotik- und Renaissance-Elementen. Zu den Höhepunkten zählen Fenster im Flamboyantstil, ein gotischer Kreuzgang und Steinmetzarbeiten.

## 8 Alter Hafen

**Karte H9**

Dubrovniks erster Hafen befand sich an der Westseite der Stadt. Doch er bot zu wenig Schutz und wurde für die wachsende Stadt zu klein. Der Alte Hafen an der Ostseite der Altstadt ist größer und durch die Festungen Revelin und Sv. Ivan zu beiden Seiten gut geschützt. Hier gibt es nur ein, zwei Plätzchen, an denen man etwas essen und das geschäftige Treiben genießen kann: das Durcheinander um die kleinen Fischer- und Urlauberboote im geschützten Hafen und den schönen Ausblick entlang der Küste bis nach Cavtat.

Postkartenansicht vom Alten Hafen Dubrovniks

Festung Lovrijenac

## 9 Festung Lovrijenac

**Karte J9 ■ +385 20 324 641 ■ tägl. 9–18 Uhr ■ Eintritt**

Die Festung auf einem aus der Adria aufragenden Felsen westlich der Stadtmauer diente Dubrovnik als Goldspeicher sowie als wichtiger Militärbau. Bei einer Rebellion konnte man von hier aus die Stadt unter Kontrolle bringen. Das oft zitierte Motto der Stadt ziert den Eingang: »Die Freiheit wird um alle Reichtümer der Welt nicht verkauft.« Besonders stimmungsvoll ist es hier beim Dubrovnik Festival *(siehe S. 62)*. Auch an heißen Tagen lohnt der dann etwas strapaziöse Aufstieg.

## 10 War Photo Limited

**Karte F9 ■ Antuninska 6 ■ +385 20 322 166 ■ Mai–Sep: tägl. 10–22 Uhr; Apr, Okt: tägl. 10–17 Uhr ■ www.warphotoltd.com ■ Eintritt**

Unter der Leitung des Neuseeländers Wade Goddard, der früher selbst fotografierte, entwickelt sich War Photo Limited zu einem wichtigen Zentrum für Kriegsfotografien. Auf zwei Etagen zeigen eindrucksvolle Bilder schockierende Details, doch widersteht die Sammlung der Versuchung, abzustempeln und zu verurteilen. Ein separater Raum ist dem Krieg und den Konflikten beim Zerfall des früheren Staates Jugoslawien gewidmet. Nur wenige Gäste besuchen dieses umstrittene Museum in einer Seitenstraße des Stradun. Die vielleicht beste Bestätigung für das Konzept von Wade Goddard ist die Meinung vieler Kroaten und Serben, denen die Ausstellung zu pro-serbisch bzw. zu prokroatisch ist.

## Spaziergang

### Vormittags

Frühaufsteher sollten die **Stadtmauer** *(siehe S. 12f)* zur Öffnung um 9 Uhr erklimmen, sie haben sie dann weitgehend für sich. Bei einem ruhigen Rundgang genießt man die Aussicht und das Erwachen der Stadt. Informieren Sie sich im Schifffahrtsmuseum *(siehe S. 46)* in der **Festung Sv. Ivan** *(siehe S. 13)* über Dubrovniks Geschichte der Seefahrt. Steigen Sie hinab zum **Stradun** *(siehe S. 14f)* und genießen Sie Kaffee und Gebäck im **Café Festival** *(siehe S. 74)* – dort kann man das Getümmel auf der Hauptstraße beobachten.

Bummeln Sie weiter auf dem Stradun, wo Attraktionen, vor allem jedoch die Atmosphäre locken. Stärken Sie sich mit einem frühen Mittagessen mit Seafood im **Kamenice** *(siehe S. 75)* auf dem **Gundulićeva Poljana** *(siehe S. 70)* vor der Farb- und Geräuschkulisse des dortigen Marktes.

### Nachmittags

Nach dem Mittagessen machen Sie im **Rektorenpalast** *(siehe S. 18f)* eine Audioführung. Danach geht es zum **Luža-Platz**, wo der Stradun beginnt. Erkunden Sie von dort aus die Attraktionen der Fußgängerzone, während Sie langsam in Richtung **Pile-Tor** *(siehe S. 12)* und zum gastfreundlichen **Café Dubravka 1836** *(siehe S. 74)* schlendern oder sich vielleicht zu einem frühen Abendessen im **Nautika** *(siehe S. 75)* entschließen. Dort hat man einen fantastischen Blick auf eine der schönsten Städte Europas.

Siehe Karte S. 66f

# Dies & Das

Statue auf dem Gundulićeva Poljana

## 1 Gundulićeva Poljana (Gundulić-Platz)

**Karte G9**

Auf dem schönen Platz steht die Statue des Poeten Ivan Gundulić (17. Jh.), der in *Osman* einen Sieg der Slawen über die Türken beschrieb. Morgens findet hier ein bunter Markt statt.

## 2 Orthodoxes Kirchenmuseum

**Karte F9 ■ Ulica od puča 8 ■ +385 20 323 283 ■ tägl. 9–13 Uhr ■ Eintritt**

Zwei Türen von der serbisch-orthodoxen Kirche entfernt zeigt das Ikonenmuseum Arbeiten des 15. bis 19. Jahrhunderts.

## 3 Sv. Ignacija

**Karte F10 ■ Poljana R. Boškovića ■ tägl. 8–19 Uhr**

Die Jesuitenkirche thront über einem der Spanischen Treppe in Rom nachempfundenen Aufstieg. Schöne Trompe-l'Œil-Malereien zieren den Innenraum des Gotteshauses aus dem 18. Jahrhundert.

## 4 Pustijerna

**Karte G10**

Bei einem Bummel durch die Straßen des Viertels südlich vom Stradun kann man Spuren der alten Stadtmauer entdecken. Die (oft zerfallenen) mittelalterlichen Häuser in den engen Gassen vermitteln einen Eindruck von Dubrovnik vor 1667.

→ Siehe Karte S. 66f

## 5 Synagoge

**Karte G9 ■ Žudioska 5 ■ tägl. (Nov–Apr: Mo–Fr) ■ Eintritt**

Angeblich ist in Europa nur eine Synagoge in Prag älter als dieser kleine Bau oberhalb des Stradun.

## 6 Archäologische Sammlung

**Karte H8 ■ Festung Revelin ■ +385 20 324 041 ■ Di–So 10–16 Uhr ■ Eintritt**

Diese kleine Ausstellung ist in einem der Stockwerke der Festung Revelin (16. Jh.) untergebracht. Viele dieser Steinmetzarbeiten zierten einst die Kirchen der Stadt.

## 7 Red History Museum

**Karte J8 ■ Svetog Križa 3 ■ +385 91 528 7744 ■ tägl. 10–19 Uhr ■ Eintritt**

Entdecken Sie den kroatischen Alltag, als das Land noch Teil von Jugoslawien war. Betreten Sie eine nachgestellte Wohnung aus der Ära Titos oder erforschen Sie die Kunst- und Designstile jener Zeit.

## 8 Sammlung Dulčić-Masle-Pulitika

**Karte G10 ■ Držićeva Poljana 1 ■ +385 20 612 645 ■ Di–So 9–20 Uhr ■ Eintritt**

Die expressionistischen Maler Ivo Dulčić (1916–1975), Antun Masle (1919–1967) und Đuro Pulitika (1922–2006), deren Werke hier zu sehen sind, stammen aus Dubrovnik.

## 9 Volkskundemuseum Rupe

**Karte F9 ■ Od Rupa 3 ■ +385 20 323 018 ■ Do–Di 9–18 Uhr ■ Eintritt**

Das Museum für Alltagskultur befindet sich in einem Bau, der einst als Getreidespeicher im Falle von Belagerungen gedacht war.

## 10 Marin-Držić-Haus

**Karte F9 ■ Široka 7 ■ +385 20 323 242 ■ Di–So 9–20.30 Uhr ■ Eintritt**

Das Museum ist einem gefeierten Dubrovniker Dramatiker des 16. Jahrhunderts gewidmet.

# Abstecher ins Umland

## 1 Berg Srđ
**Karte K8**

Mit der Seilbahn erreicht man den Gipfel des Srđ in vier Minuten. Es bietet sich ein unvergesslicher Ausblick auf die Altstadt und rund 50 Kilometer weit in die Umgebung.

## 2 Insel Lokrum

Die idyllische Insel mit stillen Buchten, altem Kloster und einer zerfallenen Festung liegt verführerisch nahe und ist doch eine andere Welt. Die Fähren legen im Alten Hafen ab *(siehe S. 20f)*.

## 3 Lapad-Bucht
**Karte H8**

Am Strand der seichten Bucht zwischen Lapad und Babin Kuk finden sich Familien mit Kindern sehr oft ein. In der Fußgängerzone Kralja Zvonimira gibt es viele Cafés.

## 4 Srebreno
**Karte H6**

Mlinis Nachbarort Srebreno ist ein aufstrebender Ferienort mit einem exklusiven Hotel und einer Shoppingmall an einer weiten Bucht. Entlang der Uferpromenade gibt es Cafés und einen Kinderspielplatz.

## 5 Mlini
**Karte H6**

In diesem ruhigen kleinen Fischerdorf elf Kilometer südlich von Dubrovnik gibt es Palmen am Meer, traditionelle Steinhäuser, zahlreiche Bäche, die einst Mühlen antrieben, und einen netten Strand.

## 6 Halbinsel Babin Kuk
**Karte J8**

Auch Lapads baumbestandene Nachbarhalbinsel Babin Kuk verfügt trotz der vielen Hotelbauten über schöne Spaziergänge und gute Bademöglichkeiten.

## 7 Kotor
**Karte K7**

Knapp hinter der Grenze zu Montenegro erstreckt sich die wunderschöne Bucht von Kotor. Die gleichnamige Stadt ist charmant und reich an historischen Spuren.

## 8 Sveti Stefan

Etwas weiter in Montenegro liegt diese Hotelanlage, einst Treffpunkt des internationalen Jetsets, auf einer eigenen Insel. Heute können Tagesgäste die Insel und das Restaurant besuchen.

## 9 Mostar

Die alte Brücke, die Mostar seinen Namen verlieh, wurde nach ihrer Zerstörung 1993 originalgetreu rekonstruiert. Sie ist die größte Sehenswürdigkeit der bosnischen Stadt nahe der kroatischen Grenze *(siehe S. 91)*.

## 10 Međugorje
**Karte F4**

Sogar während des Krieges kamen Pilger ins bosnische Međugorje, wo die Jungfrau Maria 1981 zwei Teenagern erschienen sein soll. Leider ist der Besucheransturm sehr groß.

**Boote in der Mlini-Bucht**

# Shopping

## 1 Modni Kantun
**Karte G9 ▪ Zlatarska 3**

In einer Gasse hinter dem Palais Sponza liegt ein wenig versteckt das »Modeeck«, das sich auf praktische, stylishe und spezielle Klamotten von kroatischen Designern spezialisiert hat. Zudem gibt es hier Hüte, Taschen und Schmuck.

## 2 Dubrovačka Kuća (Dubrovnik-Haus)
**Karte H9 ▪ Svetog Dominika bb**

Der charmante Laden mit Galerie hat kroatische Qualitätsweine, istrische Trüffeln, traditionelle Souvenirs und Gemälde im Sortiment.

## 3 Vinoteka Miličić
**Karte G9 ▪ Placa 2**

Die großartige kleine Weinhandlung im Zentrum der Altstadt verkauft neben kroatischem und slowenischem Wein auch Olivenöl und Trüffeln. Der Eingang befindet sich am Stradun.

## 4 Medusa
**Karte G8 ▪ Prijeko 18**

Bei Medusa findet man kroatisches Kunsthandwerk, Holzspielzeug und regionale Spezialitäten. Einheimische Maler stellen hier Bilder aus.

**Medusa: Kunst und Handwerk**

## 5 Algebra
**Karte G9 ▪ Placa 9**

Der zentral gelegene Buchladen bietet eine reichhaltige Auswahl, u. a. ins Englische übersetzte Werke kroatischer Schriftsteller. Hier bekommt man auch Reiseführer und Souvenirs.

## 6 Tilda
**Karte G9 ▪ Zlatarska 1**

Der kleine Souvenirladen liegt etwas versteckt zwischen Stradun und Prijeko. Außerdem bietet er eine Auswahl an traditioneller Kleidung und handgemachten Accessoires.

## 7 Croata
**Karte G9 ▪ Pred Dvorom 2**

Wo könnte man Krawatten besser kaufen als in dem Land, in dem sie erfunden wurden? Alle Croata-Krawatten, -Schals und -Tücher sind aus Seide und handgemacht. Filialen gibt es auch in Split.

## 8 Terra Croatica
**Karte F9 ▪ Ulica od puča 17**

Der Spezialist für süße und herzhafte lokale Köstlichkeiten verkauft Olivenöle, Honig, Marmeladen, Schokolade, Weine, Edelbrände und Liköre sowie regionales Kunsthandwerk.

## 9 Life According to KAWA
**Karte H8 ▪ Hvarska 2**

In einer umgebauten Halle oberhalb des Ploče-Tors verkauft dieser entzückende Laden regionale Delikatessen, Craftbeer, Wein, Kaffee und Kleidung, die von einheimischen Designern und Künstlern entworfen wurde.

## 10 Uje
**Karte G9 ▪ Placa bb**

Uje ist bekannt für hochwertiges kroatisches Olivenöl. Hervorzuheben ist die Eigenmarke namens Bracchia, ein mildes, aromatisches Öl von der Insel Brač. Natürlich gibt es im Sortiment auch andere einheimische Delikatessen.

# Clubs

## 1 Nonenina

**Karte G9 ■ Pred Dvorom 4**

Das Nonenina bietet in zentraler Lage Tische im Freien und einen schönen Blick auf den Rektorenpalast – eine gute Adresse für Cocktails am Abend.

## 2 Casablanca Bar

**Karte G9 ■ Zamanjina 7**

Die Bar in der Altstadt ähnelt Rick's Café aus *Casablanca* (1942) und ist seit Jahrzehnten eine der beliebtesten Bars in Dubrovnik. Hier tummeln sich junge Einheimische und Besucher gleichermaßen, um zu trinken und die Nacht durchzutanzen.

## 3 Sky Bar

**Karte E8 ■ Brsalje 8**

Die Sky Bar, das frühere Fuego, ist eine Kult-Disco und zieht Einheimische wie Besucher magisch an. Von Pop bis Techno wird nahezu alles Tanzbare gespielt, manchmal gibt es auch Live-Auftritte. Allzu durstige Gäste sind in der Bar gut aufgehoben. Der großartige Open-Air-Bereich liegt beim Pile-Tor.

## 4 Banje Beach Club

**Karte H8 ■ Frana Supila bb**

In diesem schicken Club am Banje-Strand finden abends oftmals Partys statt. Der Blick über das Wasser auf die Stadt ist traumhaft schön.

## 5 B4 Revelin

**Karte G9 ■ Vetranićeva 3**

Dieselben Leute, die den Culture Club Revelin betreiben, leiten auch das B4. Der Dance-Sound kommt gut, ebenso die Auswahl an Cocktails und Shots.

## 6 Cave Bar More

**Karte J8 ■ Nika i Meda Pucića 13**

Die in eine natürliche Höhle eingebettete Bar verfügt über Tische im Freien mit Blick auf die Lapad-Bucht. Hier kann man bei Cocktails und einheimischem Bier herrlich den Sonnenuntergang genießen.

## 7 The Bar by Azur

**Karte G8 ■ Kunićeva 5**

Die edle, bei Einheimischen beliebte Bar über zwei Stockwerke serviert ausgezeichnete Cocktails sowie Craftbeer, diverse Sorten Gin und kroatische Weine.

**Luftig und geräumig – Club Lazareti**

## 8 Club Lazareti

**Karte H8 ■ Frana Supila 8**

Ein altes Quarantänehaus und Werkstätten bilden einen Veranstaltungsort für alternative, zeitgenössische Musik- und Theateraufführungen und einen Nachtclub mit Gast-DJs. Es gibt eine Außenterrasse und Zugang zum Komarda-Strand, wo im Sommer oft Partys steigen. Infos gibt es in den sozialen Medien.

## 9 Culture Club Revelin

**Karte H9 ■ Svetog Dominika 3**

Jeden Abend wird die Festung Revelin zu Dubrovniks Zentrum des Nachtlebens – mit erstklassigen DJs und bekannten Chartstürmern.

## 10 Cele Dubrovnik Gourmet & Lounge

**Karte G9 ■ Placa 1**

Tagsüber ist das Cele eine gemütliche Café-Bar, nach Sonnenuntergang ein lebhafter Ort für die Nacht. Hier wird auch Livemusik gespielt.

Siehe Karte S. 66f

# Cafés & Bars

Gemütlich: D'Vino

## D'Vino

**Karte F9 ■ Palmotićeva 4a**

Die kleine Weinbar – ein netter Ort mit sanfter Beleuchtung im Zentrum der Altstadt – serviert ihren Gästen sehr gute dalmatinische Weine, auch glasweise.

## Café Festival

**Karte F9 ■ Placa bb**

Lehnen Sie sich in den auf dem Gehweg aufgestellten Regiestühlen des heiteren, kultivierten Cafés am Westende des Stradun zurück und lassen Sie die Welt an sich vorüberziehen – wer will, auch bei einem Single-Malt-Scotch.

## Buža

**Karte F10 ■ Crijevićeva 9**

Folgen Sie an einem sonnigen Tag den Schildern vom Gundulićeva Poljana *(siehe S. 70)* zur Freiluftbar auf den Felsen außerhalb der südlichen Stadtmauer. Hier locken der Blick über das Meer auf Lokrum und kalte Getränke (sonst gibt es nichts).

## Gradska Kavana

**Karte G9 ■ Pred Dvorom 1**

Das renovierte Café besitzt eine Terrasse, von der man wunderbar Leute beobachten kann.

## Katie O'Connor's

**Karte G9 ■ Dropčeva 4a**

Das reizende Irish Pub ist in einem jahrhundertealten Keller untergebracht. In ganz Dubrovnik gibt es keine größere Auswahl an Bier, Stout, Ale, Cider und Spirituosen.

## Café Dubravka 1836

**Karte E8 ■ Brsalje 3**

Der Blick von der Terrasse dieses Cafés zwischen dem Pile-Tor und der Festung Lovrijenac ist einfach spektakulär.

## Lapad Beach

**Karte J8 ■ Lapad-Bucht**

Der Komplex am Strand der Lapad-Bucht kombiniert Bar, Restaurant und eine Lounge-Terrasse. Dies ist ein guter Platz für Drinks und Snacks tagsüber, abends steigt hier nach Sonnenuntergang die Party.

## La Bodega

**Karte G9 ■ Lučarica 1**

Der Mix aus Café, Wein-/Tapas-Bar und Party-Location am östlichen Ende des Stradun nimmt das Erdgeschoss und drei Stockwerke in einem historischen Haus ein.

## Café & Brasserie Royal

**Karte G9 ■ Gundulićeva Poljana bb**

Genießen Sie die Atmosphäre am Gundulić-Platz und trinken Sie kroatischen Wein. Im Sommer fühlt man sich an den Tischen vor dem gemütlichen Café wie in Paris.

## 10 Gaffe Pub

**Karte G9 ■ Miha Pracata 4**

Das Gaffe ist ein etwas feineres Irish Pub mit klassischer Ausstattung in Grün und dunkler Holzvertäfelung. Das Personal ist freundlich, die Atmosphäre entspannt.

Klassisch irisch: Gaffe Pub

# Restaurants

**Preiskategorien**
Preis für ein Drei-Gänge-Menü mit einer halben Flasche Wein, inkl. Steuern und Service.

€ unter 30 € €€ 30–50 €
€€€ über 50 €

## 1 Nishta

**Karte F8 ■ Prijeko bb ■ +385 20 322 088 ■ €€**

Dubrovniks erstes veganes Restaurant bietet eine hervorragende Salatbar, indische Currys und Rohkostkuchen mit Nüssen und Kernen. Im Sommer wird frühzeitige Reservierung empfohlen.

## 2 Lokanda Peskarija

**Karte H10 ■ Na Ponti bb ■ +385 20 324 750 ■ 25. Dez – 1. Feb geschl. ■ €**

Die rustikal eingerichtete Lokanda Peskarija serviert einfache Gerichte aus Muscheln, Tintenfisch und Scampi. Von den Bänken im Freien blickt man auf den Alten Hafen.

## 3 Kamenice

**Karte G10 ■ Gundulićeva Poljana 8 ■ +385 20 323 682 ■ €**

Der Hauswein passt gut zu den Platten mit Tintenfisch, frischen Muscheln, Seafood-Risotto und gegrillten Scampi. Das Preis-Leistungs-Verhältnis ist gut, die Lage schön.

## 4 Nautika

**Karte E9 ■ Brsalje 3 ■ +385 20 442 526 ■ Dez, Jan geschl. ■ €€€**

Genießen Sie direkt am Adriatischen Meer eine Adria-Fischplatte für mehrere Personen oder ein Chateaubriand *(siehe S. 56f)*.

## 5 Proto

**Karte F9 ■ Široka 1 ■ +385 20 323 234 ■ €€€**

Das Proto ragt unter den Lokalen der Altstadt heraus. Die Speisekarte bietet reichlich Seafood, aber auch Fleisch. Im Sommer ist die Terrasse im ersten Stock ideal.

## 6 Kopun

**Karte G10 ■ Boškovićeva Poljana 7 ■ +385 20 323 969 ■ Jan geschl. ■ €€**

Eine Spezialität des hübsch gelegenen Kopun ist gebratener Kapaun – der Namensgeber des Restaurants.

Oyster & Sushi Bar Bota

## 7 Oyster & Sushi Bar Bota

**Karte G10 ■ Od pustijerne bb ■ +385 20 324 034 ■ €€**

Das romantische Lokal serviert die vielleicht beste kroatisch-asiatische Fusionsküche im Adriaraum.

## 8 360

**Karte H9 ■ Sv Dominika bb ■ +385 20 322 222 ■ Mo, Nov – März geschl. ■ €€€**

Die mediterrane Gourmetküche in elegantem Ambiente mit Hafenblick ist exzellent. Die große Weinkarte führt auch internationale Tropfen.

## 9 Orsan

**Karte J8 ■ Ivana Zajca 2 ■ +385 20 436 822 ■ Dez geschl. ■ €€€**

Hier gibt es traditionelle Gerichte aus Dubrovnik mit zeitgenössischem Touch – aber nur mit Reservierung.

## 10 Pantarul

**Karte G6 ■ Kralja Tomislava 1 ■ +385 20 333 486 ■ Mo geschl. ■ €€**

Das Restaurant hat das Motto »Fühl dich wie zu Hause« und bietet eine ungezwungene Atmosphäre sowie leckere saisonale Gerichte.

Siehe Karte S. 66f

# TOP 10 Dalmatinische Inseln

Die Inselwelt vor Dalmatiens Küste zählt sicherlich zu den spektakulärsten Destinationen des Landes. Den Naturschönheiten, den verborgenen Buchten, den wundervollen Stränden und dem kristallklaren Meer stehen historische Städte mit großartiger, jahrhundertealter Architektur gegenüber. Im Innern der Inseln herrscht oftmals noch unverfälschtes ländliches Leben vor – Olivenhaine, Weingärten, Macchie und Trockenmauern prägen das Bild. An den Küsten dagegen heißen freundliche, einladende Urlaubsorte mit modernen Freizeiteinrichtungen und zahlreichen Bademöglichkeiten Besucher aus In- und Ausland willkommen. Eine Vielzahl an Katamaranen und Fähren bieten Fahrten zu den Inseln wie Hvar, Brač, Korčula und Vis an.

Skulptur an der Kathedrale Sv. Marko, Korčula

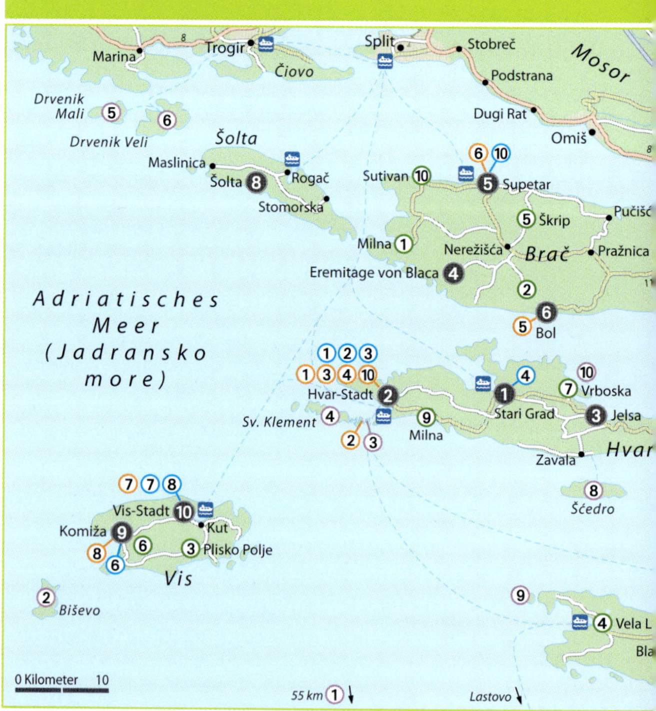

Ruderboote im Hafen von Stari Grad

## ① Stari Grad, Hvar

**Karte C4 ■ Information: Obala Dr. Franje Tuđmana 1 ■ +385 21 765 763 ■ www.visit-stari-grad.com**

Lange Zeit war das von den alten Griechen gegründete Stari Grad die Hauptstadt von Hvar. Auch heute noch liegt hier der Hauptfährhafen. Jedoch hat sich die Betriebsamkeit woandershin verlagert. Stari Grad gibt sich mit seinen mittelalterlichen Gassen und Plätzen herrlich ruhig und angenehm. Im Hafenviertel mit seinen alten Häusern und im neuen Yachthafen kann man wunderbar spazieren gehen. Die Ebene östlich der Stadt ist UNESCO-Welterbe.

① **TOP10-Attraktionen** *siehe S. 77–79*

① **Restaurants** *siehe S. 83*

① **Cafés, Bars & Clubs** *siehe S. 82*

① **Dies & Das** *siehe S. 80*

① **Inseln & Eilande** *siehe S. 81*

## ② Hvar-Stadt

**Karte C4 ■ Information: Trg Sv. Stjepana 42 ■ +385 21 741 059 ■ www.visithvar.hr**

Rund um eine breite Bucht liegt Hvar-Stadt mit ihrer charmanten Altstadt und der Riva, wo die große Dichte an Cocktailbars und Kneipen für ein quirliges Nachtleben bürgt. Im Sommer dümpeln die Yachten der internationalen Prominenz im Hafen – kein Wunder, dass manche vom »Saint-Tropez Kroatiens« sprechen. Nur wenige Meter vom Trubel entfernt findet man einen der schönsten Plätze des Adriaraums mit prächtigen venezianischen Bauten. Natürlich gibt es auch diverse Bademöglichkeiten, u. a. auf den Pakleni-Inseln, die nur eine kurze Wassertaxifahrt entfernt liegen.

## ③ Jelsa, Hvar

**Karte C4 ■ Information: Trg Tome Gamulina 1 ■ +385 21 761 017 ■ www.tzjelsa.hr**

Jelsa ist ein vergleichsweise ursprünglicher Fischerort. Im Sommer finden sich zahlreiche Besucher ein, vor allem Familien mit Kindern sieht man in dem Gassengewirr und auf dem fünf Kilometer langen Küstenpfad nach Vrboska *(siehe S. 80)*.

**Marco Polo**

Der Geburtsort des berühmten Marco Polo wird manchmal der Insel Korčula zugeschrieben, was allerdings in Venedig und in Genua heftig bestritten wird. Historiker sind sich heute weitgehend einig, dass Marco Polo in der Republik Venedig geboren wurde. Doch es gibt Hinweise darauf, dass er von den Genuesen in der Stadt Korčula gefangen gehalten wurde. Dort wird mit dem »Marco-Polo-Haus« ein kleines Museum über den Reisenden betrieben.

## Eremitage von Blaca, Brač

**Karte C4 ▪ +385 21 637 092 ▪ Di–So 9–17 Uhr (Mitte Sep–Mitte Juni: bis 15 Uhr) ▪ Eintritt**

An einem steilen, nur von Gestrüpp bewachsenen Abhang an der Südseite der Insel befindet sich in beeindruckender Lage die Eremitage von Blaca, eines der meistbesuchten Klöster Kroatiens. Die Priestergemeinschaft wurde im 16. Jahrhundert von Mönchen (sog. Glagoliten) gegründet. Erreichen kann man die Eremitage nach einem kurzen Fußmarsch von einem Parkplatz, der ganz in der Nähe liegt.

## 5 Supetar, Brač

**Karte C3 ▪ Information: Porat 1 ▪ +385 21 630 551 ▪ www.supetar.hr**

Von Split ist dieser Ferienort auf Brač in nur einer Stunde erreicht. Rund um eine Bucht an der Nordseite der Insel erstreckt sich dieses bezaubernde Städtchen. Dominiert wird das Ortsbild von der hübschen Pfarrkirche. In der näheren Umgebung, westlich vom Hafen, finden sich viele Strände und Buchten. Das Petrinović-Mausoleum ist ein Werk von Toma Rosandić (1904).

**Petrinović-Mausoleum, Supetar**

**Blick auf Zlatni Rat, Bol**

## 6 Bol, Brač

**Karte C4 ▪ Information: Porat bolskih pomoraca bb ▪ +385 21 635 638 ▪ www.bol.hr**

Bol zählt zu den beliebtesten Ferienorten in Dalmatien. Umgeben von den Weingärten an den Hängen der Vidova Gora und unweit von Zlatni Rat, dem populärsten Strand auf Brač. Diese großartige Landzunge liegt westlich von Bol, wo es im Sommer von Besuchern wimmelt. Die Altstadt mit ihren Steinhäusern und engen Gassen ist dagegen still und beschaulich. Dank der beständig wehenden Winde gilt Bol auch als bedeutendes Zentrum für Wind- und Kitesurfer. Bei vielen Anbietern, die den Weg nach Zlatni Rat säumen, kann man Ausrüstung mieten und Unterricht nehmen.

## 7 Korčula-Stadt

Die Altstadt von Korčula-Stadt gehört zu den eindrucksvollsten historischen Zentren in Dalmatien. Hier findet man schöne Architektur, gute Restaurants und ruhige Cafés am Wasser, von denen aus man herrliche Sonnenuntergänge bewundern kann. Aktivitäten wie Windsurfen, Segeln und Tauchen stehen bei Besuchern und Einheimischen ebenfalls hoch im Kurs *(siehe S. 26f)*.

## 8 Šolta

**Karte B3 ■ Information: +385 21 654 657 ■ www.visitsolta.com**

Die Split am nächsten gelegene Insel ist nicht so überlaufen. Šolta ist der perfekte Rückzugsort: Macchie, Olivenbäume und Trockenmauern dominieren die Szenerie – hier lässt es sich gut wandern und Rad fahren. Ganz im Westen wartet der Hafenort Maslinica mit einem Kiesstrand. Schön ist der Küstenweg zur Šešula-Bucht, ein beliebter Ankerplatz für Yachten. Die Südküste weist Strände und Buchten auf, die zu Fuß oder mit dem Boot erreichbar sind.

## 9 Komiža, Vis

**Karte B5 ■ Information: Riva sv. Mikule 2 ■ +385 21 713 455 ■ www.tz-komiza.hr**

Komiža liegt herrlich an einer Bucht, umgeben von grünen Steilhängen. Zum Hafen führen schmale Gassen, Kiesstrände liegen in der Nähe. Sehenswert sind die Kirche der Muttergottes der Piraten *(siehe S. 44)* und das Kloster Mušter *(siehe S. 45)*.

**In idyllischer Lage – Komiža**

## 10 Vis-Stadt, Vis

**Karte B5 ■ Information: Šetalište Stare Isse 5 ■ +385 21 717 017 ■ www.tz-vis.hr**

Vis zeigt sich sehr geschichtsträchtig: Hier gibt es römische Bäder, ein mittelalterliches Kloster, Festungsanlagen aus österreichischer Zeit und stimmungsvolle mediterrane Gassen. Kut, das historische Viertel von Vis-Stadt, ist berühmt für seine Renaissancehäuser. Imposant ist auch die Festung King George III, zwei Kilometer außerhalb der Stadt.

### Ein Tag auf Brač

#### Vormittags

Nehmen Sie die Fähre von Split nach **Supetar** und genießen Sie die Fahrt auf dem offenen Oberdeck. In Supetars reizvollem Hafen trinken Sie einen Kaffee, bevor Sie sich ein Auto oder Fahrrad in einer der Agenturen, die unweit vom Fähranleger liegen, ausleihen. Danach geht es südwärts die zentrale Hochebene hinauf. Dort dominieren Olivenhaine, Trockenmauern und Feigenbäume die Landschaft. In **Škrip** *(siehe S. 80)* angekommen, lohnt der Besuch des Museums der Insel Brač *(siehe S. 46)*. Danach geht es wieder südwärts nach **Bol**, wo Sie eine Mittagspause in einem der Restaurants an der Riva einlegen.

#### Nachmittags

Zu Fuß oder mit dem kleinen Touristenzug geht es von Bol zum berühmten Strand von **Zlatni Rat** *(siehe S. 48)*. Verbringen Sie den Nachmittag mit Schwimmen, Kajakfahren oder auf dem Wakeboard. Für Kinder ist ein Aquapark vorhanden. Begeben Sie sich am Spätnachmittag zum höchsten Punkt der Insel, zur **Vidova Gora** *(siehe S. 80)*, wo die Fernsicht einfach fantastisch ist. Im Anschluss fahren Sie westwärts durch die karge Landschaft, in der die **Eremitage von Blaca** liegt.

Zurück in Supetar unternehmen Sie einen Bummel zum Petrinović-Mausoleum. Abends besuchen Sie Benny's Bar *(siehe S. 82)* oder speisen im Bistro Palute *(siehe S. 83)*, bevor Sie um 22.45 Uhr die letzte Fähre nach Split nehmen.

Siehe Karte S. 76f

# Dies & Das

## 1 Milna, Brač

**Karte C4 ■ Riva 5 ■ +385 21 636 233**

Auf der Westseite von Brač liegt Milna, ein typisch mediterranes Fischerdorf. Die quirlige Marina, in der teure Yachten vor Anker liegen, säumen freundliche Restaurants.

## 2 Vidova Gora, Brač

**Karte C4**

Vidova Gora ist mit 778 Metern der höchste Berg aller kroatischen Inseln. Bezwingen kann man ihn mit dem Auto, mit dem Fahrrad oder nach einer dreistündigen Wanderung. Die Fernsicht ist fantastisch.

## 3 Plisko Polje, Vis

**Karte B5**

Vis besteht aus Fels und Gestrüpp, mit Ausnahme der üppig grünen Ebene im Inselsüden mit dem Dorf Plisko Polje, das von Weingärten umgeben wird. Hier gibt es das einzige Kricketfeld in Dalmatien.

## 4 Vela Luka, Korčula

**Karte C5**

Korčula-Stadt ist zwar die größte Attraktion auf der Insel, aber der palmengesäumte Hafen von Vela Luka ist auch nicht zu verachten. Die Höhle Vela Spila war bereits in prähistorischer Zeit besiedelt.

## 5 Škrip, Brač

**Karte C3**

Im Inselinnern liegt dieses idyllische Dorf, umgeben von Schafweiden und Olivenhainen. Sehenswert ist das Museum der Insel Brač *(siehe S. 46)*.

## 6 Berg Hum, Vis

**Karte B5**

Vom höchsten Berg (587 m) auf Vis blickt man auf Komiža im Inselwesten und auf Biševo.

## 7 Vrboska, Hvar

**Karte C4 ■ Information: Vrboska bb ■ +385 21 774 137**

Die schmucken Häuser in diesem hübschen Städtchen säumen beide Ufer einer schmalen Bucht. Die Halbinsel Glavica ist mit ihren Felsstränden besonders bei Nudisten sehr beliebt.

## 8 Sućuraj, Hvar

**Karte E4 ■ Information: Riva bb ■ +385 21 717 288**

Der verschlafene Hafenort Sućuraj gibt ein gänzlich anderes Bild ab als der Westen von Hvar. Badegästen stehen Sand- und Kiesstrände sowie felsige Buchten zur Verfügung.

## 9 Milna, Hvar

**Karte C4**

Milna ist ein moderner Ferienort, nur fünf Kilometer von Hvar-Stadt entfernt. Die Ortschaft liegt in einer geschützten Bucht und besitzt schöne Kiesstrände.

## 10 Sutivan, Brač

**Karte C3 ■ Information: Trg Dr. Franje Tuđmana 1 ■ +385 21 638 357**

Das Fischerdorf Sutivan befindet sich westlich von Supetar. In den Buchten erstrecken sich sehr schöne, bewaldete Strandabschnitte. Gut markierte Wander- und Radwege durchziehen die Insel.

**Straße durch das Dorf Škrip, Brač**

# Inseln & Eilande

Palagruža mit Leuchtturm

## 1 Palagruža

Das felsige Eiland ist die vom kroatischen Festland am weitesten entfernt gelegene Insel. In dem 100 Meter hohen Leuchtturm kann man Ferien à la Robinson Crusoe verbringen. Palagruža ist nur mit dem Privatboot zu erreichen.

## 2 Biševo (bei Vis)

Biševo und die kleinen umliegenden Inseln wirken unberührt und sind ein wahres Paradies für Segler und Ausflügler. Zur Blauen Grotte (Modra špilja) kommt man nur mit dem Ruderboot *(siehe S. 23)*.

## 3 Jerolim (bei Hvar)

**Karte C4**

Die Hvar-Stadt nächstgelegene Pakleni-Insel, Jerolim, ist ein traditioneller Badeort. Das kleine, ruhige Eiland in azurblauem Meer lässt sich bequem zu Fuß umrunden.

## 4 Sveti Klement (bei Hvar)

**Karte B4**

Die größte und abwechslungsreichste der Pakleni-Inseln, Sveti Klement, ist für ihren entspannten Ferienort Palmižana bekannt, wo es einen Strand, mehrere Restaurants, Bars und Pensionen gibt. Pfade führen zu stilleren Plätzen auf der Insel.

## 5 Drvenik Mali (bei Trogir)

**Karte A3**

Drvenik Mali ist die kleine Schwester von Drvenik Veli. Die Einwohner nennen sie auch Ploča (»Platte«). Im Hauptort Borak legen Fähren an.

## 6 Drvenik Veli (bei Trogir)

**Karte B3**

»Groß-Drvenik« ist ein mediterranes Idyll. Im gleichnamigen Hauptort, auch Veli Porat genannt, gibt es einige Tavernen, in denen frische Fischgerichte serviert werden.

## 7 Badija (bei Korčula)

**Karte E5**

Die kleine Insel bei Korčula ist mit dem Wassertaxi erreichbar. Hier leben Franziskanermönche. Die Kirche und das Kloster sind hübsch renoviert und vom Meer aus ein schöner Anblick.

Kirche und Kloster auf Badija

## 8 Šćedro (zwischen Hvar und Korčula)

**Karte C5**

Wegen der gut geschützten Buchten war diese Insel bereits bei den Seefahrern der Antike begehrt. Heute ist Šćedro ein Naturschutzgebiet.

## 9 Proizd (bei Korčula)

Nur eine kurze Bootsfahrt von Vela Luka entfernt liegt Proizd, das für seine drei Strände aus glatten Felsplatten bekannt ist. Bei Sonnenuntergang schimmern die Felsen in Orange und Rosarot *(siehe S. 49)*.

## 10 Zečevo (bei Vrboska, Hvar)

**Karte C4**

Die bei Seglern und Tagesgästen beliebte »Kanincheninsel« hat ihren Namen von den Wildkaninchen, die hier im dichten Gebüsch leben. Die Felsstrände mit kristallklarem Wasser sind ein Refugium für Nudisten.

Siehe Karte S. 76f

# Cafés, Bars & Clubs

Hula Hula, Hvar-Stadt

## 1 Hula Hula, Hvar-Stadt

**Karte C4**

Diese nette Strandbar bietet wunderbare Cocktails und tolle Musik, die man gern bei Sonnenuntergang genießt. 15 Minuten Fußweg von der Stadt Hvar entfernt.

## 2 Carpe Diem Beach, Pakleni-Inseln

**Karte C4 ■ Stipanska uvala**

Das luxuriöse Restaurant, eine kurze Bootsfahrt von Hvar-Stadt (5 Min.) entfernt, wird nachts zur Party-Location mit bekannten DJs.

## 3 Sweet Republic, Hvar-Stadt

**Karte C4 ■ Kroz Grodu 20**

In diesem schicken kleinen Café gibt es hausgemachte Rohkost- und vegane Kuchen, Pralinen, Bio-Kaffee sowie frische Säfte und Smoothies aus lokalen, saisonalen Zutaten.

## 4 Tri Pršuta, Hvar-Stadt

**Karte C4 ■ Petra Hektorovića 5**

Bei kroatischem Wein, Käse, *pršut* (Räucherschinken) und *kulen* (würzige Rohwurst) lässt es sich in diesem geselligen und urigen Lokal wunderbar aushalten. Draußen in der schmalen Gasse stehen einige Tische und Stühle.

## 5 Varadero, Bol

**Karte C4 ■ Frane Radića 1**

Diese sehr beliebte Sommerbar befindet sich im Zentrum von Bol auf der Insel Brač. Unter Strohschirmen blickt man auf den Hafen, genießt feine Cocktails oder tanzt zum Sound der DJs.

## 6 Benny's Bar, Supetar

**Karte C3 ■ Put Vele Luke bb**

Das allseits beliebte Benny's liegt an einem Ende des Strandes. Vor allem die Strandbar ist tagsüber ein stadtbekannter Treffpunkt. Zu später Stunde heizen DJs ordentlich ein, dann machen auch leckere Cocktails die Runde.

## 7 Frutarija, Vis-Stadt

**Karte B5 ■ Viški boj 13**

Die kleine Freiluftbar mit Meerblick bietet eine atemberaubende Aussicht. Sie serviert köstliches Frühstück, Brunch und Snacks sowie Säfte und Cocktails.

## 8 Fabrika, Komiža, Vis

**Karte B5 ■ Riva svetog Mikule 12**

Das Fabrika ist eine gelungene Mischung aus einer lässigen Lounge-Bar und einer lebhaften Kneipe. Neben einheimischen Weinen und kräftigem *rakija* (Obstbrand) werden Snacks und Burger serviert.

## 9 Massimo, Korčula-Stadt

**Karte E5 ■ Šetalište Petra Kanavelića bb**

Diese wunderbare Sommerbar oben im Zakerjan-Turm ist ein idealer Ort zur Beobachtung des Sonnenuntergangs bei einem köstlichen Cocktail.

## 10 Red Baron, Hvar-Stadt

**Karte C4 ■ Riva bb**

Direkt an der exklusiven Riva von Hvar-Stadt liegt diese quirlige und laute Bar. An den Tischen im Freien können Sie bei einheimischen Weinen und Cocktails die Boote und Luxusyachten beobachten.

# Restaurants

**Preiskategorien**
Preis für ein Drei-Gänge-Menü mit einer halben Flasche Wein, inkl. Steuern und Service.

€ unter 30 € €€ 30–50 €
€€€ über 50 €

## 1 Macondo, Hvar-Stadt

**Karte C4 ■ Marije Maričić 7 ■ +385 21 742 850 ■ Nov–Apr geschl. ■ €€**

Reservieren Sie einen Tisch in diesem beliebten erstklassigen Fischlokal in Hvars Altstadt. Im Sommer kann man im Freien sitzen.

## 2 Speeza, Hvar-Stadt

**Karte C4 ■ Vicka Butorovića 64 ■ +385 98 917 7386 ■ Nov–März geschl. ■ €€€**

Das Restaurant in Zentrumsnähe bietet eine fast täglich wechselnde Speisekarte und Kochkurse.

Giaxa, Hvar-Stadt

## 3 Giaxa, Hvar-Stadt

**Karte C4 ■ Petra Hektorovića 11 ■ +385 21 741 073 ■ €€€**

Das Lokal in einem ehemaligen Renaissancepalast ist für seine Fisch- und Seafood-Gerichte berühmt. Es gibt auch leckere Desserts und eine gute Weinkarte.

## 4 Antika, Stari Grad

**Karte C4 ■ Donja kola ■ +385 21 765 479 ■ €€**

In außergewöhnlichem Ambiente wird traditionelles Seafood serviert, auch an Tischen im Freien.

## 5 Adio Mare, Korčula-Stadt

**Karte E5 ■ Marka Pola 2 ■ +385 20 711 253 ■ Nov–März geschl. ■ €€**

Das sehr beliebte und gut besuchte Fischlokal in der Altstadt ist vor allem an lauen Sommerabenden ein Erlebnis. Probieren Sie unbedingt den gegrillten Fisch *(siehe S. 57)*.

## 6 Jastožera, Komiža

**Karte B5 ■ Gundulićeva 6 ■ +385 99 670 7755 ■ €€€**

Neben der Hausspezialität, Hummer aus heimischen Gewässern, ist auch der gegrillte Fisch zu empfehlen.

## 7 Vila Kaliopa, Vis-Stadt

**Karte B5 ■ Vladimira Nazora 32 ■ +385 21 711 755 ■ Okt–Apr geschl. ■ €€€**

Ein wahrer Hochgenuss wartet auf die Besucher des göttlichen Restaurants in Kut: Edelste Meeresfrüchte werden in einem Skulpturengarten serviert.

## 8 Pojoda, Vis-Stadt

**Karte B5 ■ Don Cvjetka Marasovića 8 ■ +385 21 711 575 ■ €€**

In diesem exklusiven Restaurant mit schönem Hof wird der Fisch nach Gewicht bezahlt. Zum großartigen Essen passen die gute Weinkarte und der freundliche Service.

## 9 Marinero, Korčula-Stadt

**Karte E5 ■ Ulica Marka Andrijića 13 ■ +385 20 711 170 ■ €€**

In einer Seitenstraße serviert man exzellente dalmatinische Fischgerichte und Wein. Das Marinero wird von zwei Fischern betrieben: Frische ist also garantiert.

## 10 Bistro Palute, Supetar, Brač

**Karte C3 ■ Porat 4 ■ +385 21 631 730 ■ €**

Neben frischem Seafood kommen im Palute diverse Suppen, Eintöpfe und Pastagerichte auf den Tisch.

Siehe Karte S. 76f

# TOP 10 Makarska Riviera & Split

Uhrturm im Diokletianpalast, Split

Die Makarska Riviera ist einer der malerischsten Abschnitte der dalmatinischen Küste. Im Schutz des felsigen Biokovo-Gebirges erstreckt sich dieser lange Küstenstreifen mit Sandstränden, üppiger Vegetation sowie historischen Städten und Bauwerken. Die verschiedenen Zivilisationen, die in dieser Region lebten, haben vielfältige Spuren hinterlassen, z. B. den römischen Diokletianpalast in Split und die Ruinenstadt Salona, die zeitweilig von den Osmanen besetzte Festung Klis und die venezianischen Bauten in der Altstadt von Trogir. Vom Hafen Split, der zweitgrößten Stadt Kroatiens, verkehren zahlreiche Fähren zu den umliegenden Inseln.

0 Kilometer 10
15 km
6 195 km
7 30 km
Sinj 1
Glavice
Otok
Cetina
Gornji Muć
Brnaze
Kesići
Prgomet
Konjsko
Trilj
Vrpolje
Kaštela
Salona 5
7 Klis
Solin
1 4
1
8
2 Altstadt von Trogir
4
Siehe Karte Split unten
4
Mosor
Marina
6
5
3
10 2
Stobreč
Čiovo
Podstrana
Šestanova
Drvenik Veli 7
Dugi Rat
10 Omiš
2 3
Zadva
Šolta
Brač, Hvar, Vis

0 Meter 100
Split
Plinarska
Teutina
Trg Gaje Bulata
Kačićeva
Sinjska
Zagrebačka
Matošića
Nodilova
Kralja Tomislava
Miličeva
Križeva
1
2
Marmontova
Obrov
Kružićeva 7
Bosanska
400 Meter
8
Ban Mladenova
Bana Jelačića
Trg Republike
Zadarska
Narodni Trg
Subićeva
6
6
Kresimirova
Peristil
3
Dobrić
Trg Franje Tuđmana
Trumbićeva Obala
Riva (Obala Hrvatskog Narodnog Preporoda)
Braće Radića
Marulićeva
2
4
8
9
1 km
3 9
Pučišća
Brela
Baška
Pražnica
Brač
Sumartin
Jelsa
Hvar

**Vorhergehende Doppelseite** Plitwicer Seen

## 1 Kaštela

**Karte B3 ▪ Information: Brce 5, Dvorac Vitturi, Kaštel Lukšić ▪ +385 21 227 933 ▪ www.kastela-info.hr**

Zwischen Split und Trogir stehen Häuser und Industriebetriebe ungeordnet entlang der Hauptstraße, doch an der Küste warten die versteckten Juwele von Kaštela auf ihre Entdeckung. Die namengebenden Kastelle wurden im 15. Jahrhundert zur Küstenverteidigung und als Rückzugsort für die Reichen gebaut. Heute können sie bei einer Küstenwanderung erkundet werden. Besonders sehenswert sind Kaštel Stari (das älteste) mit einem netten Strand, das hübsche Kaštel Gomilica, Kaštel Kambelovac (mit Fischlokal) sowie Kaštel Lukšić (heute ein Museum), das sich in der Nähe von zwei wunderschönen Gärten befindet.

Uferpromenade in Trogir

## 2 Altstadt von Trogir

Dieses wunderbar erhaltene städtebauliche Juwel bietet viele Kirchen, Paläste und Prachtbauten sowie Tag und Nacht Entspannung und Unterhaltung im quirligen Hafenviertel Riva mit Straßencafés und Restaurants im Freien *(siehe S. 28f)*.

## 3 Makarska

**Karte D4 ▪ Information: Obala Kralja Tomislava 16 ▪ +385 21 650 076 ▪ www.makarska-info.hr**

Die hübsche Hafenstadt Makarska liegt in einer Bucht, die von der bewaldeten Landzunge Sveti Petar begrenzt wird. Makarska ist einer der beliebtesten Urlaubsorte auf dem dalmatinischen Festland. Das historische Zentrum wird von venezianischen Gebäuden geprägt, darunter die barocke Pfarrkirche Sv. Marko am Kačić-Platz (Kačićev trg). In den Straßen in Hafennähe geht es sehr lebhaft zu. Die Uferpromenaden säumen Bars und Restaurants.

Bucht bei Makarska

## 4 Živogošće & Zaostrog

**Karte E4 ■ Information: Porat 87, Živogošće ■ +385 21 627 077 ■ www.zivogosce.hr**

Živogošće am Südende der Makarska Riviera besteht aus drei Siedlungen: Porat, Mala Duba und Blato. Highlight ist das Franziskanerkloster (17. Jh.) mit einem beeindruckenden Barockaltar und einer berühmten Bibliothek, deren Bestände Licht auf das Leben in der osmanischen Zeit der Region werfen. Weiter südlich liegt das schöne Zaostrog mit einem Franziskanerkloster (14. Jh.), einer kleinen Kunstgalerie und einem Volkskundemuseum.

## 5 Salona

**Karte C3**

Der Name Salona leitet sich von der lateinischen Bezeichnung für Salz ab. Die Stadt gilt als Geburtsort des römischen Kaisers Diokletian *(siehe S. 33)*. Auch wenn hier heute nur noch Ruinen stehen, erlaubt die Stätte doch einen Einblick in den antiken römischen Alltag. Blenden Sie einfach das Industriegebiet in der Umgebung aus und konzentrieren Sie sich auf die schönen Seiten: die Berge auf der einen und das Adriatische Meer auf der anderen Seite. Beginnen Sie am besten beim Tusculum mit dem Rundgang zum Amphitheater, zu den Thermen, zum alten Forum, zum Theater und zu der Nekropole Manastirine.

### Sprache & Nationalität

Unter den Franzosen (1806–13) war Kroatisch die »offizielle« Sprache in Dalmatien, mit den Österreichern wurde ab dem Jahr 1813 Italienisch wieder die Sprache des täglichen Lebens – ein Ansporn für das Wachsen des kroatischen Nationalismus. Schließlich wurde im Jahr 1865 in Makarska als einer der ersten Gemeinden Kroatisch wieder als offizielle Sprache eingeführt.

## 6 Gradac

**Karte E4 ■ Information: Trg Soline 11 ■ +385 21 697 375 ■ www.gradac.hr**

Gradac ist bestens bekannt für seinen sechs Kilometer langen Strand, den längsten an der kroatischen Küste. Die Lage mit den Biokovo-Bergen im Norden und den zentraldalmatinischen Inseln im Süden ist einfach spektakulär. Hier gibt es zudem genügend Schatten, um Sonnenbrände zu vermeiden, sowie einige Zeltplätze und Hotels *(siehe S. 49)*.

## 7 Klis

**Karte C3 ■ Information: Trg Mejdan 10 ■ +385 21 240 578 ■ www.tvrdavaklis.com**

Die trutzige Bergfestung oberhalb von Split steht in herrlicher Umgebung mit beeindruckendem Blick auf Stadt, Meer und Inseln. Hier hielten als Erstes die Römer Wacht, später entstand ein Bollwerk gegen die Osmanen, die dieses aber 1537 einnahmen und zum Entsetzen der Splićani über ein Jahrhundert hielten.

**Festung Klis**

## 8 Diokletianpalast, Split

Nehmen Sie sich etwas Zeit, um eines der stimmungsvollsten Stadtzentren Europas zu erkunden. Das Labyrinth des Palastkomplexes ist so interessant und sehenswert, dass Tagesausflügler nicht selten ihre letzte Fähre verpassen oder sich spontan entschließen, den Aufenthalt um einen Tag zu verlängern. Der Palast entspricht keinesfalls einem antiken Monument, sondern ist voller Leben. Hier locken Restaurants in prächtigen Höfen und angesagte Bars *(siehe S. 30f)*.

Kiesstrand bei Brela

## 9 Brela

**Karte D3 ■ Information: Trg A. Stepinca bb ■ +385 21 618 455 ■ www.brela.hr**

Brela liegt südlich von Split. Dies ist der nächste Ort an der Makarska Riviera und einer der nettesten Plätze, um ein, zwei Tage am Meer zu entspannen. Brela ist ein angenehmes Städtchen mit alten Steinhäusern sowie einigen modernen Hotels und Restaurants. Hauptattraktion ist hier jedoch der Kiesstrand.

## 10 Omiš

**Karte C3 ■ Information: Fošal 1a ■ +385 21 861 350 ■ www.visitomis.hr**

Omiš an der Mündung der Cetina in die Adria bietet u. a. Kajakfahren, Canyoning, Klettern, Tauchen und Raftingtouren *(siehe S. 52)*. Einst ein berüchtigter Piratenstützpunkt, ist Omiš heute eine weitgehend moderne Stadt mit einer kleinen Altstadt und den beiden Festungen Mirabela und Fortica, die von der seeräuberischen Vergangenheit zeugen.

### Umgebung von Split

**Vormittags**

Besuchen Sie außerhalb von **Split** die Stadt **Solin**, wo die Ruinen von Salona stehen, umgeben von Wein- und Obstgärten. Sehenswert ist das Amphitheater, das im 2. Jahrhundert v. Chr. errichtet wurde. Nach einem 50–75-minütigen Fußmarsch ist **Salona** erreicht. Nehmen Sie vor allem im Sommer ausreichend Wasser und eine Kopfbedeckung mit. Erfrischungen gibt es auch im Café am Eingang zur antiken Stätte. Im Anschluss begeben Sie sich nach **Klis**, der Festung (10. Jh.), die oberhalb von Split thront. Genießen Sie die traumhafte Aussicht von dort oben – Fans der TV-Serie *Game of Thrones* werden die Mauern bekannt vorkommen. Machen Sie eine Mittagspause im Res-taurant Perlica, das nördlich der Festung liegt und für seine Lammgerichte berühmt ist.

**Nachmittags**

Danach geht es Richtung Solin auf der alten Straße nach Trogir, die durch den Küstenort **Kaštela** *(siehe S. 87)* führt, der für seine sieben Kastelle bekannt ist, die einst zu Verteidigungszwecken erbaut wurden. Kaštela eignet sich wunderbar für einen Spaziergang entlang der Küste mit ihren kleinen Kiesstränden.

Fahren Sie anschließend nach **Trogir** *(siehe S. 28f)* und bummeln Sie durch die mittelalterlichen Gassen und Plätze. Besuchen Sie auch die Kathedrale mit dem verzierten Westportal. Beenden Sie den Aufenthalt mit einem Drink in einem Lokal an der Uferpromenade von Trogir.

Siehe Karte S. 86f

# Strände

## 1 Gornja Vala, Gradac

**Karte E4**

Gradac ist der südlichste Ort der Makarska Riviera. Hier erstreckt sich der längste Strand dieser Region (6 km). Dahinter erheben sich die Höhen des Biokovo-Gebirges.

Gradac, Makarska Riviera

## 2 Žnjan, Split

**Karte C3**

Der lange Kiesstrand, östlich der Innenstadt von Split, wird gesäumt von Cafés, Restaurants und Kinderspielplätzen. Der Küstenpfad von Bačvice nach Žnjan (ca. 30 Min.) ist zu jeder Jahrezeit zu empfehlen.

## 3 Kašjuni, Split

**Karte C3**

In einer versteckten Bucht der Marjan-Halbinsel liegt dieser halbmondförmige, feinkieselige Strand. Der Ausblick auf die Čiovo-Insel, besonders bei Sonnenuntergang, ist fantastisch.

## 4 Bene, Split

**Karte C3**

Auf der Nordseite der Marjan-Halbinsel, jenseits der Špinut-Marina, findet man diesen überwiegend felsigen Strand, der von Pinien gesäumt wird. Hier gibt es gute Spieleinrichtungen für Kinder.

## 5 Okrug, Trogir

**Karte B3**

Lediglich fünf Kilometer südöstlich von Trogir, in Okrug Gornji, erstreckt sich dieser zwei Kilometer lange Kiesstrand, der unter dem schönen Namen »Copacabana« bekannt ist.

## 6 Medena, Trogir

**Karte B3**

Westlich von Trogir liegt dieser lebhafte und bunte Strandabschnitt, der besonders für Aktivurlauber und Familien mit Kindern geeignet ist. Neben zahlreichen Bars und Cafés gibt es Sport- und Freizeitmöglichkeiten.

## 7 Krknjaši, Drvenik Veli

**Karte B3**

Der Krknjaši-Strand in einer schmalen, fast naturbelassenen Bucht wird von Felsen gesäumt und ist einer der schönsten Strände der Insel. Am seichten Ufer läuft man auf Sand. Segler und Bootsbesitzer besuchen hier gern die kleine Bar.

## 8 Makarska-Strand

**Karte D4**

Der zwei Kilometer lange feinkieselige Strand ist der Hauptstrand von Makarska. Hier gibt es neben Hotels, Bars und Restaurants viele Sport- und Freizeitmöglichkeiten.

## 9 Bačvice, Split

Die Bucht mit herrlich flachem Wasser ist äußerst beliebt – ebenso *picigin*, ein Ballspiel, bei dem man sich im seichten Wasser einen Ball zuwirft *(siehe S. 92)*.

## 10 Punta Rata, Brela

**Karte D3**

Die Makarska Riviera ist für ihre Kiesstrände berühmt – und jener von Punta Rata ist am schönsten.

Strand von Punta Rata, Brela

# Abstecher ins Inland

## 1 Sinj

**Karte C2 ■ Information: Put Petrovca 12 ■ +385 21 826 352 ■ www.visitsinj.hr**

Sinj ist ein historisches Bergstädtchen mit interessanten Kirchen. Hier befindet sich das Heiligtum der Wundertätigen Muttergottes von Sinj, das größte Marienheiligtum in Südkroatien und Dreh- und Angelpunkt vieler Pilgerwege.

## 2 Cetina-Schlucht

**Karte D3**

Diese wunderschöne Schlucht im Herzen Zentral-Dalmatiens trifft bei Omiš auf die Adria. Sie wird bei Raftern immer beliebter, die oft bei Penšići starten. Feinschmecker lieben die Fischlokale.

## 3 Zadvarje

**Karte D3**

Das Dorf ist ein Ausgangspunkt für Ausflüge in der Cetina-Schlucht. Die nahen Gubavica-Wasserfälle stürzen etwa 50 Meter in die Tiefe.

## 4 Mosor

**Karte C3**

Die Gebirgskette zwischen Klis und Omiš rahmt die Cetina und eine Reihe kleiner Dörfer reizvoll ein. Erkunden Sie sie mit dem Auto oder schließen Sie sich den kroatischen Kletterern an, die den kahlen Gipfel in Angriff nehmen.

## 5 Crveno Jezero (Roter See) & Modro Jezero (Blauer See)

**Karte E3**

Der 300 Meter breite Rote See bei Imotski liegt versteckt in einem Felstrichter und ist aus der Ferne nicht zu sehen. Eingespülte Erde aus der Umgebung sorgt für die Ockerfärbung des Wassers. Zum blauen Bruder des Roten Sees gelangt man zu Fuß über einen Abhang. Im Sommer liegen an dem etwas unheimlich wirkenden Ort bei Niedrigwasser bizarre Felsformationen frei.

## 6 Plitwicer Seen

**Außerhalb der Karte ■ +385 53 751 015 ■ tägl. 8–15 Uhr ■ www.np-plitvicka-jezera.hr ■ Eintritt**

Diese Seen zählen zum Welterbe der UNESCO und liegen in einem Nationalpark, einer Oase mit Seen, Wasserfällen und Kalksteinbecken.

**Wunderschön: Plitwicer Seen**

## 7 Nationalpark Krka

**Karte A1 ■ www.npkrka.hr**

Der Naturpark mit Teichen, Wasserfällen und smaragdgrünen Seen eignet sich perfekt für einen Tagesausflug. Mit dem Boot wird man von Skradin in den Park gebracht.

## 8 Naturpark Biokovo

**Karte D3–E4 ■ www.pp-biokovo.hr**

Die Zacken des Biokovo-Gebirges sind ein majestätisches Stück Wildnis in Kroatien. Der Skywalk bietet eine atemberaubende Aussicht.

## 9 Mostar

**Karte G3 ■ Information: +387 36 580 275 ■ www.turizam.mostar.ba**

Wahrzeichen der bosnischen Stadt ist die berühmte Brücke über die Neretva *(siehe S. 71)*.

## 10 Livno

**Karte D2 ■ www.tourismbih.com**

Das südbosnische Livno an der kroatischen Grenze ist bekannt für exzellenten, preiswerten Käse.

Siehe Karte S. 86f

# Cafés, Bars & Clubs

Smokvica, Trogir

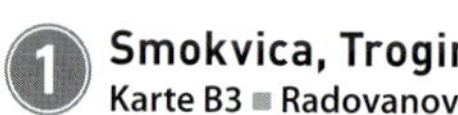

## 1 Smokvica, Trogir

**Karte B3 ■ Radovanov Trg 9**

Die Café-Bar im Schatten der Kathedrale öffnet schon um 7 Uhr für den ersten Espresso. Mit langer Cocktailkarte und Livemusik unterhält sie bis in die frühen Morgenstunden.

## 2 Luxor, Split

**Karte N2 ■ Kraj Sv. Ivana 11**

In dem beliebten Café mitten im Diokletianpalast erinnert vieles an Ägypten. Im Sommer gibt es Sitzgelegenheiten im Freien.

## 3 Bačvice, Split

**Karte N6**

Südlich des Zentrums liegt an der gleichnamigen Bucht der beliebte, moderne Nightlife-Komplex mit einer Vielzahl an Bars, Cafés, Restaurants und Clubs. In warmen Sommernächten ist hier einiges los.

## 4 Academia Club Ghetto, Split

**Karte M2 ■ Dosud 10**

In die bei Einheimischen beliebte Bar verirren sich nur wenige Reisende, da sie sich in der oft übersehenen oberen Ebene des Diokletianpalastes befindet. Der Innenhof ist an Sommerabenden beliebt.

## 5 Deep, Makarska

**Karte D4 ■ Šetalište fra Jure Radića 5a**

Der Club gleicht einer tunnelartigen Höhle und liegt direkt am Strand. Zu Dance-Pop wird ausgelassen gefeiert.

## 6 Pata Negra Wine Bar, Split

**Karte L2 ■ Zadarska 13**

Wählen Sie etwas aus der umfangreichen Weinkarte, bestellen Sie eine Wurstplatte und verbringen Sie einen gemütlichen Abend.

## 7 Pivnica Pivac, Makarska

**Karte D4 ■ Marineta 13**

Die Café-Bar am Meer ist einer der beliebtesten Treffs im Zentrum von Makarska. Die Bierauswahl, kroatische und internationale Marken, ist einfach erstklassig.

## 8 Vidilica, Split

**Karte M5 ■ Nazorov prilaz 1**

Das Café am Marjan-Hügel bietet einen überwältigenden Blick auf Stadt, Hafen und Inseln. Am besten wandern Sie an einem sonnigen Tag hinauf und genießen bei einem Drink die Aussicht.

## 9 Romana, Makarska

**Karte D4 ■ Obala kralja Tomislava 21**

Eines der populärsten Straßencafés an der Riva von Makarska bietet eine riesige Auswahl an leckeren Kuchen und Eiscremes. Sehr gut sind auch der Kaffee und die hausgemachte Schokolade.

## 10 Door Bar, Split

**Karte C3 ■ Put Trstenika 19**

Die große Terrasse dieser Hotelbar ist ein Blickfang. Bestellen Sie am Abend einen dalmatinischen Wein.

Terrasse der Door Bar in Split

# Restaurants

**Preiskategorien**
Preis für ein Drei-Gänge-Menü mit einer halben Flasche Wein, inkl. Steuern und Service.

€ unter 30 € €€ 30 – 50 €
€€€ über 50 €

## 1 Bajamonti Pizza Steak & Fish House, Split

**Karte L2 ▪ Trg Republike 1 ▪ www. restoran-bajamonti.hr ▪ €€**

Einheimische lieben das Restaurant an einem der schönsten Plätze der Altstadt wegen der Holzofenpizzas, Steaks und Fischgerichte.

## 2 Noštromo, Split

**Karte L2 ▪ Kraj Sv. Marije 10 ▪ +385 91 405 6666 ▪ €€€**

In diesem gepflegten Fischlokal direkt am Fischmarkt kann man von oben beobachten, wie der frische Fisch nach Wunsch gegrillt wird *(siehe S. 56)*.

## 3 Šperun, Split

**Karte L2 ▪ Šperun 3 ▪ +385 21 346 999 ▪ €€**

In diesem recht kleinen Restaurant zwischen dem Meer und dem Ort Varoš serviert man einheimische Spezialitäten zwischen Antiquitäten und moderner Kunst.

## 4 Restoran Riva, Trogir

**Karte B3 ▪ Obala bana Berislavića 15 ▪ +385 91 582 5931 ▪ €€**

Das Restaurant in der Altstadt von Trogir verfügt über eine Terrasse mit Blick auf die Riva. Genießen Sie von April bis November typisch dalmatinische Küche.

## 5 Stari Mlin, Makarska

**Karte D4 ▪ Prvosvibanjska 43 ▪ +385 21 611 509 ▪ €€**

Hier erwarten den Gast neben dalmatinischen Fischgerichten auch thailändische Spezialitäten – beides passt erstaunlich gut zusammen. Das Stari Mlin ist in einer alten Mühle untergebracht.

## 6 Konoba Bajamont, Split

**Karte M2 ▪ Bajamontijeva 3 ▪ +385 21 355 356 ▪ €€**

Auf der Speisekarte dieses kleinen Restaurants inmitten des Diokletianpalastes stehen traditionelle dalmatinische Speisen. Die Pasta- und Fischgerichte sind lecker und auch relativ preiswert.

## 7 Villa Spiza, Split

**Karte M2 ▪ Kružićeva 3 ▪ +385 91 152 1249 ▪ €**

Bei den Einheimischen genießt dieses Restaurant Kultstatus: In dem kleinen Speiseraum werden traditionelle Eintöpfe und Seafood serviert.

Im Innenhof des Baletna Škola, Kaštela

## 8 Baletna Škola, Kaštela

**Karte B3 ▪ Don Frane Bege 2, Kaštel Kambelovac ▪ +385 21 220 208 ▪ €**

Die Stammgäste des Lokals an der Küstenstraße schätzen die exzellenten Fischgerichte und guten Pizzas.

## 9 Bufet Fife, Split

**Karte L2 ▪ Trumbićeva obala 11 ▪ +385 21 345 223 ▪ €**

Das alteingesessene Lieblingslokal der Einheimischen ist bekannt für seine herzhafte Kost: Bohneneintöpfe und günstige Fischgerichte.

## 10 Kalalarga, Makarska

**Karte D4 ▪ Kalalarga 40 ▪ +385 98 990 2908 ▪ €€**

Das Kalalarga wagt gekonnt den Spagat zwischen Tradition und Moderne. Fisch, Seafood und Steaks schmecken einfach großartig.

Siehe Karte S. 86f

# TOP 10 Süd-Dalmatien

Meštrović-Skulptur, Račić-Mausoleum, Cavtat

Süd-Dalmatien ist noch relativ unerschlossen – und vielleicht auch deshalb so interessant. Die Region bezaubert mit vielfältigen Landschaften: Auf dem schmalen Landstreifen liegen unberührte Strände, steile Klippen, dichte Wälder, sanfte Hügel und imposante Gebirge dicht beieinander. Aus der Adria kommt erstklassiges Seafood, das selbst in der bescheidensten *konoba* (Taverne) genossen werden kann.

## 1 Neretva-Delta

**Karte F5 ■ Information: Brsalje 5, Dubrovnik; +385 20 323 887**

Auf ihrem Weg zum Meer fächert sich die Neretva auf und bildet mit ihrem Delta ein rund 200 Quadratkilometer großes Feucht- und Mündungsgebiet, das zum Teil mit Booten oder mit dem Auto erkundet werden kann. Das Delta ist für Kroa-

Neretva-Delta

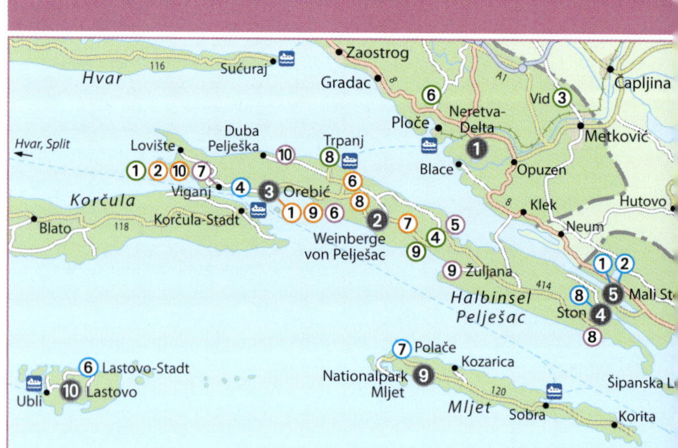

tiens Landwirtschaft sehr wichtig und ein bedeutendes Schutzgebiet für viele Vogelarten, die hier auf ihrem Weg nach Afrika rasten. Es ist auch ein beliebtes Anglerparadies mit vielen Fischen, darunter Aale und eine endemische Forellenart. Das Fremdenverkehrsbüro Dubrovnik informiert, wie und wo man Ausflüge ins Delta buchen kann.

## 2 Weinberge von Pelješac

**Karte E5**

Zahlreiche Reisende nutzen die Halbinsel Pelješac lediglich als schnelle Verbindung von Dubrovnik nach Korčula-Stadt und verpassen somit die einmalige Gelegenheit, die Weingüter zu besichtigen, die den wohl besten kroatischen Wein produzieren – den Dingač. Das Fremdenverkehrsbüro Dubrovnik bietet Informationen über Reiseveranstalter. Von Potomje aus führen Tunnel durch die Hügel zu ruhigen Strandabschnitten.

Hafen von Orebić

## 3 Orebić

**Karte E5 ■ Information: Zrinsko-Frankopanska 2 ■ +385 20 713 718 ■ www.visitorebic-croatia.hr**

Der kleine Ort am Ufer der Halbinsel Pelješac lockt seit Jahrzehnten Besucher mit idyllischer Lage, sonnigen Kiesstränden, Cafés und Restaurants. Orebić hat sich ein wenig verändert: In der Nähe der alten Urlauberhotels sind mittlerweile luxuriöse Apartments entstanden.

## 4 Ston

**Karte F6 ■ Information: Gundulićeva poljana 1 ■ +385 20 754 452 ■ www.ston.hr**

Die Republik Ragusa *(siehe S. 12)* ließ im 14. Jahrhundert in Ston eine Befestigung zum Schutz gegen Angriffe vom Meer erbauen, eine Art Miniaturausgabe der Chinesischen Mauer. Heute ist es in dem einst zweitmächtigsten Zentrum der Republik viel ruhiger. Attraktionen von Ston sind die Salzpfannen und der schöne Blick auf die dinarischen Berge und die Gipfel von Bosnien.

Befestigung von Ston

## 5 Mali Ston

**Karte G6**

Etwas nördlich von Ston liegt das kleinere Schwesterstädtchen Mali Ston. Aus ganz Kroatien und Italien strömen Feinschmecker nach »Klein Ston«, um frischen Fisch und Seafood zu genießen, die kurz zuvor im Malostonski-Kanal gefangen wurden. Die Szenerie ist so beeindruckend wie die Meeresfrüchte, deshalb ist es auch nicht überraschend, dass dieses Idyll ein begehrter Schlupfwinkel für Wochenendausflügler ist.

## 6 Trsteno Arboretum

**Karte G6 ■ Potok 20, Trsteno ■ +385 20 751 019 ■ Mai–Okt: tägl. 7–19 Uhr; Nov–Apr: tägl. 8–16 Uhr ■ Eintritt**

Am Ende des 15. Jahrhunderts legte die einflussreiche Familie Gučetić den Grundstein für ein Arboretum, das heute zu den wohl beeindruckendsten Renaissancegärten Europas zählt. Die Sammlung von Bäumen und Pflanzen aus der ganzen Welt erstreckt sich in einer herrlichen Küstenlandschaft hinab zur Adria und bietet einen traumhaften Blick auf den Hafen Trsteno und die Elaphitischen Inseln. Die Hauptattraktionen dieser friedlichen Oase sind ein Aquädukt und Wasserspiele, deren Brunnen ein von Nymphen umringter Neptun ziert. Das Arboretum ist heute Teil der Kroatischen Akademie der Wissenschaften und Künste.

### Neum

Die Straße zwischen Split und Dubrovnik verläuft durch einen neun Kilometer langen Küstenabschnitt, der zu Bosnien & Herzegowina gehört. Im Jahr 1699 wurde dieser Gebietsstreifen Teil des Osmanischen Reichs – als Puffer zwischen der Republik Ragusa und der großen Rivalin Venedig. Neum fiel später an Bosnien & Herzegowina. Besucher müssen hier halten und ihre Reisepässe vorzeigen.

Skulptur beim Račić-Mausoleum in Cavtat

## 7 Cavtat

**Karte H7 ■ Information: Zidine 6; +385 20 479 025; www.visit.cavtat-konavle.com**

Der Urlaubsort ist seit dem 3. Jahrhundert v. Chr. besiedelt. In Cavtat hinterließen Illyrer, Griechen, Römer und Slawen ihre Spuren. Sehenswert sind vor allem der Rektorenpalast (16. Jh.) und das von Ivan Meštrović errichtete Mausoleum der wohlhabenden Familie Račić. Interessant ist auch das Bukovac-Haus, das dem berühmten kroatischen Maler Vlaho Bukovac (1855–1922) gewidmet ist.

Springbrunnen im Trsteno Arboretum

## 8 Sokol Grad

**Karte J7 ■ Dunave ■ +385 20 638 800 ■ Apr, Mai: tägl. 10–18 Uhr; Juni–Okt: tägl. 10–19 Uhr; Nov: tägl. 10–16 Uhr; Dez–März: tägl. 12–15 Uhr ■ Eintritt**

Im Schatten kahler Berge steht die »Falkenburg«, eine massive Festungsanlage, an deren Standort sich bereits in antiker Zeit eine Burg befand. Aufgrund ihrer strategischen Lage war Sokol Grad von großer Bedeutung im Abwehrkampf gegen die Osmanen. Von den Mauern genießt man einen herrlichen Ausblick.

Nationalpark Mljet

## 9 Nationalpark Mljet

**Karte E6 ■ Pristanište 2, Goveđari ■ +385 20 744 041 ■ www.np-mljet.hr ■ Eintritt (Kinder frei)**

Der westliche Teil von Mljet wurde 1960 zum Nationalpark erklärt, der die Inselwälder aus Steineichen und Aleppokiefern schützt. Besonders interessant sind die durch einen Kanal miteinander verbundenen Salzwasserseen Veliko Jezero (»Großer See«) und Malo Jezero (»Kleiner See«). Im Veliko Jezero steht das Kloster Sv. Marija (12. Jh.) auf der gleichnamigen schönen Insel. Eine weitere Sehenswürdigkeit ist das Dorf Polače mit römischen Ruinen.

## 10 Lastovo

**Karte D6 ■ Information: Pjevor 7 ■ +385 20 801 018 ■ www.tz-lastovo.hr**

Lastovo ist weniger touristisch als die anderen Inseln Süd-Dalmatiens. Fährverbindungen existieren von und nach Dubrovnik oder Split. Die Inselhauptstadt, Lastovo-Stadt, liegt auf der nördlichen Seite. In der Zaklopatica-Bucht gibt es ausgezeichnete Seafood-Restaurants.

### Elaphitische Inseln

Diese Tour ist mit dem Sommerfahrplan (Juni–Sep) abgestimmt, damit man mit der Fähre drei Inseln am Tag besuchen kann. In der Nebensaison sind ein bis zwei Inseln pro Tag realistisch.

#### Vormittags

Beginnen Sie mit einem Frühstück in einem Café am **Hafen Gruž**. Setzen Sie dann mit der Fähre nach **Koločep** *(siehe S. 98)* über. In nur 30 Minuten ist die kleine Insel erreicht, wo Sie bis zu Ihrer nächsten Fähre ein paar Stunden Zeit haben – genug, um auf dem Klippenpfad zu wandern oder sich am schönen Sandstrand in der Sonne zu aalen. Essen Sie in einem der Fischlokale im Hafen und warten Sie auf das Eintreffen Ihrer Fähre.

#### Nachmittags

Nehmen Sie die Fähre nach **Lopud** *(siehe S. 98)*. Bummeln Sie kurz durch den Đorđić-Maineri-Park *(siehe S. 61)* und besuchen Sie die Kirche Sv. Marija od špilice *(siehe S. 44)*. Schließlich geht es mit dem Golfcart-Taxi zum Strand von **Šunj** *(siehe S. 99)*. Eine Fähre bringt Sie nach **Suđurađ** an der Südküste von **Šipan** *(siehe S. 98)*. Sobald Sie angekommen sind, schlendern Sie durch den attraktiven Hafen. Bewundern Sie dort die befestigte Renaissance-Villa der Familie Skočibuha. Dann ist es Zeit für die letzte Fähre des Tages, die von Suđurađ aus eine gemächliche Fahrt entlang der süddalmatinischen Küste unternimmt und Sie pünktlich zum Abendessen wieder in Dubrovnik ankommen lässt.

Siehe Karte S. 94f

# Dies & Das

## 1 Viganj
**Karte E5**

Das Dominikanerkloster in dieser kleinen Siedlung wurde im Jahr 1671 erbaut. Von Viganj, das vor dem Pelješac-Gebirge in einer Bucht liegt, blickt man direkt auf die Insel Korčula. Wind- und Kitesurfer lieben die ausgezeichneten Windbedingungen am Strand.

**Tanzvorführung in Čilipi**

## 2 Čilipi
**Karte H7**

Regelmäßige Folklorekonzerte und ein Volkskundemuseum machen Čilipi zum beliebten Ausflugsziel. In der Hochsaison treten sonntags Musiker und Tänzer in traditionellen Trachten auf.

## 3 Vid
**Karte F5**

Vid wurde von Griechen und Römern bewohnt und gedieh bis zum 7. Jahrhundert als Handelsstation zwischen Inseln und Hinterland. Sehenswert sind die Überreste des römischen Narona rund um den Ort sowie im Museum von Vid.

## 4 Janjina
**Karte F5**

Das kleine Dorf mit seiner schmucken Kirche zieht sich von den Berghängen der Halbinsel Pelješac bis zum Meer herunter. Hier kann man guten Wein aus der Region kaufen.

## 5 Koločep
**Karte G6**

Die Hauptattraktion dieser Elaphitischen Insel ist ein Sandstrand, der nur selten so voll ist wie der von Dubrovnik. Es gibt hier zwei kleine Dörfer und dichte Wälder, die fast die ganze Insel bedecken.

## 6 Baćina-Seen
**Karte F5**

Die sechs verbundenen Süßwasserseen nördlich von Ploče sind mit ihrer üppigen Vegetation ein beeindruckender Anblick und Lebensraum für zahlreiche Fisch- und Vogelarten.

## 7 Lopud
**Karte G6**

Die Elaphitische Insel war einst ein dicht besiedeltes Bollwerk der Republik Ragusa, genießt nun aber einen friedlichen Ruhestand. Ein altes Kloster, Kirchen und einige Strände lohnen einen Besuch.

## 8 Trpanj
**Karte E5 ■ Information: Žalo 7 ■ +385 20 743 433 ■ www.tzo-trpanj.hr**

Der kleine Urlaubsort an der malerischen Nordküste der Halbinsel Pelješac wartet mit einem Kiesstrand, mehreren Straßencafés und einem weiten Blick über Malo More bis hin zu den mächtigen Biokovo-Bergen auf.

## 9 Trstenik
**Karte F5**

Das ruhige Dorf liegt von Bergen geschützt an der Ostküste der Halbinsel Pelješac. Trstenik prägen alte Steinhäuser und ein sicherer Hafen sowie eine schöne Aussicht über das Meer auf Mljet und Lastovo.

## 10 Šipan
**Karte G6**

Die größte der Elaphitischen Inseln bietet von allen Inseln des Archipels die meisten Sehenswürdigkeiten, u. a. Kirchen und Festungen.

→ Siehe Karte S. 94f

# Strände

## 1 Kupari
**Karte H6**

Der halbmondförmige Kiesstrand gehört zu den schönsten Stränden in Kroatien. Dazu tragen sicherlich das kristallklare Wasser und die malerische Landschaft bei.

## 2 Srebreno

Unmittelbar östlich von Kupari liegt die seichte halbkreisförmige Bucht von Srebreno, an der sich einige Bootsanleger und Kiesstrände befinden. An der Uferpromenade gibt es Cafés und ein Luxushotel *(siehe S. 71)*.

## 3 Šunj, Lopud
**Karte G6**

An der Ostseite der Insel Lopud erstreckt sich ein Mix aus Sand- und Kiesstränden mit Blick auf Koločep und Dubrovnik. Der Pfad von Šunj zum Hafen von Lopud führt durch eine reizvolle, noch ziemlich unberührte Landschaft.

## 4 Koločep
**Karte G6**

Koločep verfügt über einen kleinen, aber feinen Sandstrand. Im angrenzenden Hotel gibt es ein Café, ein Restaurant und einen Laden mit Strandbedarf.

## 5 Drače
**Karte F5**

Kiesstrände erstrecken sich auf beiden Seiten des kleinen Hafens von Drače. Von dem nach Norden gerichteten Strand blickt man auf die Berge.

## 6 Trstenica, Orebić
**Karte E5**

Einer der beliebtesten Familienstrände auf der Halbinsel Pelješac. Der feine Kiesstrand von Trstenica beschreibt einen weiten Bogen mit Sicht auf Korčula und endet dort, wo die Uferpromenade von Orebić beginnt.

## 7 Punta, Viganj
**Karte E5**

Diese steinige Landzunge reicht in den Meeresarm (Pelješki kanal) zwischen Korčula und der Halbinsel Pelješac. Punta ist vor allem bei Windsurfern, aber auch bei Sonnenhungrigen beliebt.

## 8 Prapratno, Ston
**Karte F6**

Nur drei Kilometer westlich von Ston findet man den feinkieseligen Prapratno-Strand mit warmem, kristallklarem Wasser. In der Nähe gibt es einen großen Campingplatz mit gastronomischen Einrichtungen, ebenso den Hafen mit der Fähre nach Mljet.

## 9 Vučine, Žuljana
**Karte F5**

Nur wenige Gehminuten vom Dorf Žuljana entfernt liegt dieser von üppigem Grün und Berghängen umgebene Kiesstrand.

## 10 Divna, Trpanj
**Karte E5**

Man braucht schon ein eigenes Fahrzeug, um zu diesem herrlichen, abgelegenen Kiesstrand am Eingang einer Schlucht zu gelangen. Ein kleiner Campingplatz ist vor Ort.

**Divna-Strand, Trpanj**

# Bars & Weingüter

Korta Katarina Winery, Orebić: Gewölberaum für Weinproben

## 1 Korta Katarina Winery, Orebić

**Karte E5 ▪ Bana Jelačića 3 ▪ +385 20 713 817**

Das Weingut außerhalb von Orebić produziert herausragende Rotweine aus eigenen Reben und Weißweine aus Trauben von Korčula. Es gibt auch eine Weinbar, Weinproben und einen Laden.

## 2 K2, Viganj

**Karte E5 ▪ Viganj bb ▪ Okt–Apr geschl.**

Die ganztägig gut besuchte Open-Air-Bar am Punta-Strand zählt oft Windsurfer zu ihren Gästen. Abends legen DJs auf.

## 3 Vertigo, Srebreno

**Karte H6 ▪ Dr. F. Tuđmana 20**

In diesem populären Club zehn Kilometer südöstlich von Dubrovnik spielt man vor allem House, manchmal gibt es auch Livemusik.

## 4 Riva, Cavtat

**Karte H7**

Genießen Sie in einer der Café-Bars am Meer die mediterrane Atmosphäre und den Blick über die Bucht und die Inseln.

## 5 Villa Ruža, Koločep

**Karte G6 ▪ Donje Čelo bb ▪ +385 20 757 030 ▪ Okt–Apr geschl.**

Die 30-minütige Bootsfahrt von Dubrovnik lohnt sich. Dafür wird man in der Lounge mit leckeren Cocktails und herrlichem Meerblick belohnt.

## 6 Saints Hills Vinaria, Trpanj

**Karte E5 ▪ Oskorušno ▪ +385 20 742 113 ▪ tägl. 11–17 Uhr (Weinprobe nach Vereinbarung) ▪ ab 19 Uhr (Restaurant nur mit Reservierung)**

Das beeindruckende Weingut mit Restaurant ist in einem alten Bauernhaus untergebracht.

## 7 Vina Skaramuča, Pijavičino

**Karte E5 ▪ Pijavičino 7 ▪ +385 20 742 211**

Hier kann man den vorzüglichen Dingač-Rotwein verkosten und natürlich auch kaufen.

## 8 Peninsula Wine Bar, Donja Banda

**Karte E5 ▪ Donja Banda bb ▪ +385 98 285 824**

Die freundliche Bar in einem Dorf an der Straße von Orebić nach Ston serviert heimische Tropfen von der Halbinsel Pelješac und von Korčula.

## 9 Uferpromenade, Orebić

**Karte E5**

Lassen Sie einen schönen Tag in einem Café an einem der besten Strände Dalmatiens *(siehe S. 48f)* mit Blick auf Korčula ausklingen.

## 10 Konoba Karmela, Viganj

**Karte E5 ▪ Viganj 36**

Dieses Lokal verfügt über eine schöne Holzterrasse über dem Wasser. Ideal für einen Kaffee, ein Bier, einen Wein oder ein kleines Gericht.

# Restaurants

**Preiskategorien**
Preis für ein Drei-Gänge-Menü mit einer halben Flasche Wein, inkl. Steuern und Service.

€ unter 30 € €€ 30–50 €
€€€ über 50 €

## 1 Vila Koruna, Mali Ston

**Karte G6 ■ Mali Ston ■ +385 20 754 999 ■ €**

Wahrscheinlich ist dies die beste Wahl in diesem kleinen Ort mit vielen erstklassigen Fischlokalen: Vila Koruna ist ein Muss für Fischliebhaber – und Verliebte *(siehe S. 56)*.

## 2 Kapetanova Kuća, Mali Ston

**Karte G6 ■ Mali Ston ■ +385 20 754 555 ■ €€**

Das beliebte Restaurant in Mali Ston bietet frische Muscheln aus dem Malostonski-Kanal, gegrillten Fisch und Pelješac-Weine. Das Seafood-Risotto ist besonders köstlich.

## 3 Bugenvila, Cavtat

**Karte H7 ■ Obala Dr. Ante Starčevića 9 ■ +385 20 479 949 ■ €€**

Das Bugenvila bietet einfallsreiche mediterrane Küche in entspannter Atmosphäre. Die Speisekarte führt saisonale frische Gerichte, vor allem Seafood. Der Service ist ausgezeichnet *(siehe S. 56)*.

## 4 Vrgorac, Orebić

**Karte E5 ■ Perna 24 ■ +385 20 719 152 ■ €**

Holztische, große Terrasse und ein Blick über das Meer kennzeichnen dieses Lokal mit dalmatinischen Fischgerichten.

## 5 Kolona, Cavtat

**Karte H7 ■ Put Tihe 2 ■ +385 20 478 787 ■ Nov–März geschl. ■ €€**

Das Kolona lockt seit 1985 mit Fisch vom Grill und aufmerksamem Service. Innovative Gerichte haben sich in die dalmatinische Speisekarte eingeschlichen.

## 6 Augusta Insula, Lastovo-Stadt

**Karte D6 ■ Zaklopatica 21 ■ +385 98 571 884 ■ Nov–Apr geschl. ■ €€**

Im besten Lokal von Lastovo kann man die vielen Segler beobachten und delikate Fischgerichte genießen.

## 7 Ogigija, Mljet

**Karte F6 ■ Polače 17 ■ +385 20 744 090 ■ Okt–Apr geschl. ■ €€**

Fisch ist auch die Spezialität dieser Pension mit Restaurant und großer Terrasse mit Meerblick.

## 8 Bakus, Ston

**Karte F6 ■ Angeli Radovani 5 ■ +385 20 754 270 ■ €€**

Hier kommen erstklassige, traditionelle dalmatinische Gerichte auf den Tisch. Berühmt ist das Bakus für seine Meeresfrüchte und seine großartigen Desserts *(siehe S. 56)*.

Köstliches Seafood, Bakus

## 9 Gverović-Orsan, Zaton Mali

**Karte H6 ■ Štikovica 43 ■ +385 20 891 267 ■ Dez–März geschl. ■ €€€**

Eine kurze Fahrt von Dubrovnik nach Norden bringt Sie zu diesem exzellenten kleinen Seafood-Restaurant direkt am Meer.

## 10 Koraćeva Kuća, Gruda

**Karte J7 ■ Gruda bb ■ +385 20 791 557 ■ Mitte Okt–Mitte Apr geschl. ■ €€**

Fleisch aus regionaler Züchtung wird hier auf traditionelle Art und Weise gegrillt oder gebraten.

Siehe Karte S. 94f

# Reise-Infos

Großer Onofrio-Brunnen, Dubrovnik

# Anreise & Vor Ort unterwegs

## Anreise mit dem Flugzeug

Maschinen der Fluggesellschaft **Croatia Airlines** und z. B. der **Lufthansa** fliegen u. a. von Düsseldorf, Frankfurt am Main, München, Wien und Zürich direkt nach Kroatien. Die Destinationen an der dalmatinischen Küste sind in der Hauptsaison an weitere Städte in Deutschland und Österreich angebunden.

Dalmatien verfügt über internationale Flughäfen in **Dubrovnik** und **Split**.

Der Flughafen Dubrovnik liegt etwa 22 Kilometer südöstlich der Stadt, jenseits der Küstenstadt Cavtat. Linienbusse verkehren vom Flughafen nach Dubrovnik. Fahrgäste können dann bereits am Pile-Tor aussteigen, dem westlichen Eingang in die Altstadt. Danach fährt der Bus bis zum Busbahnhof, der in den westlichen Randbezirken Dubrovniks liegt. Busse von Dubrovnik zum Flughafen starten allerdings nicht am Pile-Tor, sondern in der Nähe der Seilbahnstation.

Der Flughafen Split befindet sich ungefähr 20 Kilometer westlich der Stadt zwischen Kaštela und Trogir. Es existiert eine Busverbindung vom Flughafen zum Busbahnhof Split.

Die Insel Brač verfügt ebenfalls über einen kleineren Flughafen. Er liegt in der Nähe der Stadt Bol und wird vor allem in der Sommersaison für den Charterflugverkehr aus Europa genutzt.

## Anreise mit dem Zug

Dubrovnik verfügt über keine Eisenbahnverbindung. Der nächstgelegene Bahnhof befindet sich in Split, das über Zagreb an das europäische Eisenbahnnetz angeschlossen ist. Mindestens einmal täglich fahren Züge aus mehreren europäischen Städten, vor allem aus den Nachbarländern, nach Zagreb. Der Bahnhof von Split liegt im Zentrum der Stadt. Split ist mit Auto oder Bus vier bis fünf Stunden von Dubrovnik entfernt.

Für grenzüberschreitende Fahrten können Sie **Interrail**-Fahrkarten und -Pässe nutzen. Bedenken Sie: Die Anreise mit dem Zug mag länger dauern, im Vergleich zum Flugzeug ist die Bahn jedoch viel umweltfreundlicher.

## Inlandszüge

In Kroatien verkehren hauptsächlich zwei Zugtypen: Der Personenzug *(putnički)* ist im Allgemeinen langsam und hält an zahlreichen Bahnhöfen, der Intercity oder ICN ist schneller, aber auch teurer. Informationen zu Sicherheits- und Hygienemaßnahmen, Fahrplänen, Tickets und mehr liefert die kroatische Eisenbahngesellschaft **Hrvatske željeznice**.

Fahrkarten sollten vor dem Einstieg gekauft werden. Im Zug kann ein Aufpreis erhoben werden. Manche Reisende, u. a. die über 60-Jährigen, haben Anspruch auf Ermäßigungen.

## Anreise mit dem Bus

Fernbusse bringen Kroatien mit dem übrigen Europa zusammen. Es gibt regelmäßige Verbindungen aus deutschen Großstädten nach Zagreb und in die Küstenstädte, wobei der Abschnitt von Rijeka bis Split abgedeckt wird. Auch aus vielen italienischen Städten fahren Busse nach Zagreb. **Flixbus** bietet verschiedene Verbindungen nach Kroatien an, allerdings sind die Fahrzeiten lang. Ein Reisegepäck im Gepäckraum sowie ein Handgepäckstück sind meist im Ticketpreis inbegriffen.

Kroatiens Inlandsbusse sind unterteilt in Intercity-Busse, die Direktverbindungen zwischen den größeren Städten anbieten, und Regionalbusse, die zwischen den kleineren Städten und den Hauptstädten verkehren.

Der **Busbahnhof Dubrovnik** liegt zwei Kilometer westlich vom Zentrum im Ortsteil Kantafig. Die Busse 1A und 1B verkehren von hier zum Pile-Tor. Dubrovnik wird mehrmals täglich von Intercity-Bussen aus Zagreb, Split und anderen kroatischen Städten angesteuert. Auch Busse aus Bosnien & Herzegowina, Montenegro und Deutschland kommen hier an.

Der **Busbahnhof Split** in Bahnhofsnähe ist ein wichtiger Verkehrsknotenpunkt. Täglich treffen Busse aus kroatischen Städten sowie aus Italien und Deutschland ein.

## Anreise mit dem Schiff

Dubrovnik und Split sind die wichtigsten Häfen Dalmatiens für internationale Fähren. Saisonal gibt es auch eine Reihe von Verbindungen aus Italien zu den dalmatinischen Inseln.

Dubrovniks Fährhafen Gruž befindet sich etwa vier Kilometer westlich der Altstadt. Von dort verkehren die Busse 1A und 1B. In Gruž legen von Ende März bis Ende November Fähren aus dem italienischen Bari an (1- bis 4-mal pro Woche). Die Überfahrt dauert acht bis zehn Stunden (im Allgemeinen geht die Fahrt über Nacht).

Der Fährhafen von Split liegt östlich der Innenstadt, direkt beim Bahnhof und Busbahnhof. Hier treffen **Jadrolinija**-Fähren aus dem italienischen Ancona (10–11 Std.) ein: zwischen November und März zweimal pro Woche, im August viermal pro Woche und in den übrigen Monaten des Jahres dreimal pro Woche. Im Sommer gibt es auch eine **SNAV**-Fähre ab Ancona (11 Std.).

Stari Grad auf der Insel Hvar wird im August von Jadrolinija-Fähren aus Ancona angesteuert.

## Inlandsfähren

Fähren sind ein wichtiger Bestandteil von Kroatiens Infrastruktur. Sie machen die Inseln vom Festland aus zugänglich und verkürzen gleichzeitig die Fahrzeiten auf der Straße. Tickets können im Voraus online oder in den Häfen gekauft werden.

Die meisten Fähren und Katamarane werden von Jadrolinija betrieben. Sie befördern Passagiere und Fahrzeuge. Fahrpläne und Tarifinformationen gibt es online. Beachten Sie, dass einige Fähren nur im Sommer in Betrieb sind. **Krilo** verkehrt ausschließlich im Sommer. Die schnellen Katamarane zwischen Split und Dubrovnik halten auch an mehreren Inseln.

In der Region Split gibt es Fährverbindungen zwischen Split und den Inseln Brač (Supetar), Korčula (Vela Luka und Korčula-Stadt), Šolta (Rogač), Hvar (nach Stari Grad und Hvar-Stadt), Vis (zum gleichnamigen Hafen) und Lastovo (nach Ubli). Es gibt Fähren zwischen Makarska und Sumartin (Insel Brač), zwischen Ploče und Trpanj auf der Halbinsel Pelješac, zwischen Orebić und Dominče (auf der Insel Korčula) und zwischen Drvenik und Sućuraj (auf Hvar).

In der Region Dubrovnik wird vor allem die Strecke zwischen Dubrovnik und der Insel Mljet (Sobra) bedient, aber auch zwischen Dubrovnik und den Elaphitischen Inseln Koločep, Lopud und Šipan verkehren kleine Fähren.

### Flughäfen

**Flughafen Dubrovnik**
Karte H7
+385 20 773 100
airport-dubrovnik.hr

**Flughafen Split**
Karte B3
+385 21 203 589
split-airport.hr

### Fluglinien

**Croatia Airlines**
+385 1 66 76 555
croatiaairlines.com

**Lufthansa**
+49 69 86 799 799
+385 72 220 220
lufthansa.com

### Züge

**Hrvatske željeznice (Kroatische Eisenbahngesellschaft)**
+385 1 3782 583
hzpp.hr

**Interrail**
interrail.eu

### Busse

**Busbahnhof Dubrovnik**
Karte J8 ■ Obala pape Ivana Pavla II 44A
+385 60 305 070
autobusni-kolodvor-dubrovnik.com

**Busbahnhof Split**
Karte N6 ■ Obala kneza Domagoja 12
+385 21 329 180
ak-split.hr

**Flixbus**
flixbus.de

### Fähren

**Jadrolinija**
+385 51 666 111
jadrolinija.hr

**Krilo**
+385 21 645 476
krilo.hr

**SNAV (Italien)**
snav.it

## Öffentliche Verkehrsmittel

Das öffentliche Verkehrsnetz in Kroatien ist ausgezeichnet. Die Verbindungen zu den Inseln sind gut, und dank eines ausgedehnten Busnetzes sind auch kleine Städte leicht zu erreichen.

Die Planung einer Reise beginnen Sie am besten auf der Website des Verkehrsunternehmens der Stadt oder Provinz, in der Sie sich befinden. In Dubrovnik ist dies die **Libertas**, in der Region Split **Promet Split**. Informationen zu Sicherheits- und Hygienemaßnahmen, Fahrplänen, Tickets und mehr gibt es online.

## Busse

Da es an der Küste keine Züge gibt, sind Fernbusse die beste Möglichkeit, sich in Dalmatien fortzubewegen. Dubrovnik, Makarska und Split verfügen alle über gut organisierte Busbahnhöfe mit Fahrplanauskunft und Ticketschalter. In kleineren Städten gibt es in der Regel ein Wartehäuschen am Straßenrand – Fahrgäste, die hier einsteigen, zahlen beim Fahrer.

Auf jeder der Hauptinseln fahren Busse. Dubrovnik wird von Libertas-Stadtbussen bedient. Sie verkehren normalerweise bis Mitternacht (im Sommer bis 2 Uhr). Tickets für eine einfache Fahrt kosten 1,60 € am Kiosk oder 2 € beim Fahrer. Von Dubrovnik fährt etwa jede Stunde ein Bus nach Split (Fahrzeit 4–5 Stunden).

Außer in kleineren Städten werden die Fahrkarten meist vor der Abfahrt am Schalter am Busbahnhof oder am Zeitungskiosk *(tisak)* gekauft. In den Sommermonaten ist es ratsam, Fahrkarten lange im Voraus zu kaufen, vor allem auf den stark frequentierten Strecken ab Dubrovnik und Split. Wenn Sie vom Festland zu den Inseln reisen, ist in Ihrem Busticket automatisch der Preis für die Fähre enthalten.

## Anreise mit dem Auto

Dubrovnik liegt ganz im Süden von Kroatien. Die Anreise auf dem Landweg kann sehr zeitaufwendig sein. Reisende aus oder über Italien können die Fähren Bari–Dubrovnik oder Ancona–Split nutzen. Ansonsten ist die mautpflichtige Autobahn A1 Zagreb–Split–Ploče die schnellste Option, obwohl sie 123 Kilometer nördlich von Dubrovnik endet und das letzte Stück eine anstrengende, wenn auch landschaftlich reizvolle Fahrt auf der kurvenreichen Küstenstraße ist.

## Autofahren in Dalmatien

In Kroatien gibt es wunderschöne Strecken, es lohnt sich also, das Land mit dem Auto zu erkunden. Ein in einem EU-Land ausgestellter Führerschein ist gültig.

Im Fall einer Panne hilft der **Hrvatski Autoklub**. Der **ADAC**-Partnerclub ist rund um die Uhr unter der Rufnummer 1987 erreichbar. Der Service umfasst kostenpflichtige Reparaturen vor Ort oder in einer Werkstatt (vorbehaltlich des Transports), den Abtransport von beschädigten Fahrzeugen und den Transport in bis zu 100 Kilometer Entfernung. Der HAK liefert auch Informationen über den Straßen- und Schiffsverkehr, vorübergehende Umleitungen, Autobahngebühren, Spritpreise, ungefähre Wartezeiten an den Grenzen und mögliche Alternativrouten.

Dubrovniks Altstadt ist für Fahrzeuge gesperrt, mit Ausnahme von Lieferwagen, die jeden Morgen für ein paar Stunden hinein dürfen. Die Straßen im Zentrum sind eng und für Erstbesucher eine Herausforderung. Parkplätze sind rar. Es ist besser, das Auto oberhalb der Altstadt im Parkhaus Ilijina Glavica zu parken und dann zum Pile-Tor zu laufen.

Die wichtige Autobahn *Jadranska magistrala* entlang der Küste von Dubrovnik nach Split kann sehr stark befahren sein, ist aber landschaftlich besonders reizvoll.

Autos sind auf den größeren Inseln erlaubt, aber es ist teuer, sie mit der Fähre dorthin zu transportieren. Billiger ist ein Mietwagen vor Ort.

## Verkehrsregeln

Wer im Ortsgebiet unterwegs ist, darf 50 km/h nicht überschreiten, außer es ist anderweitig beschildert. Auf Landstraßen gilt für Motorrad, Pkw und Wohnmobil (bis 3,5 t) ein Tempolimit von 90 km/h, für Pkw mit Anhänger und Wohnmobile über 3,5 Tonnen sind 80 km/h erlaubt. Vom letzten Sonntag im Oktober bis zum letzten Sonntag im März muss mit Abblendlicht gefahren werden. Für Motorradfahrer gilt eine ganzjährige Lichtpflicht. Es herrscht Anschnallpflicht für alle Insassen, Kinder unter zwölf Jahren müssen hinten sitzen. Die Promillegrenze liegt bei 0,5.

## Mietwagen

Anbieter wie **Avis**, **Hertz** und **Sixt** sind an Flughäfen und Bahnhöfen zu finden. Wer ein Auto mieten möchte, muss mindestens 21 Jahre alt sein sowie einen Ausweis, einen gültigen Führerschein und eine Kreditkarte vorlegen. Prüfen Sie die Vertragsbedingungen sorgfältig. Die nationalen Automobilclubs stehen ihren Mitgliedern mit hilfreichen Mietwagen-Tipps zur Seite.

## Parken

Wie fast überall in Europa wird auch in den meisten kroatischen Städten das Parken ein immer größeres Problem. Selbst in kleineren Ortschaften an der Küste sind Parkplätze eine Rarität und viele Strandpromenaden in der Sommersaison für den Verkehr gesperrt. In ausgewiesenen Zonen muss ein Parkschein deutlich sichtbar in der Frontscheibe des Fahrzeugs angebracht werden. Wer im Halteverbot parkt, muss mit hoher Wahrscheinlichkeit damit rechnen, dass sein Fahrzeug abgeschleppt wird.

Manche Hotels haben Parkplätze für ihre Gäste reserviert.

## Straßen & Maut

Kroatiens Autobahnen zählen zu den sichersten in Europa. Es gibt Pläne, die Autobahn weiter entlang der Küste bis Dubrovnik zu verlängern. Auf manchen Strecken ist eine Maut zu entrichten (in bar oder mit Kreditkarte). Die Brücke zur Insel Krk und der Učka-Tunnel sind ebenfalls mautpflichtig.

## Taxis

In den Städten an der dalmatinischen Küste sind Taxis äußerst praktisch – in Dubrovnik vor allem für den Pendelverkehr zwischen der Altstadt, dem Hafen von Gruž und den Hotels in Babin Kuk auf der Halbinsel Lapad. In **Dubrovnik** gibt es Taxistände am West- bzw. Osteingang zur Altstadt. In **Split** stehen die Taxis häufig am Bahnhof und an der Riva.

Nehmen Sie nur Taxis mit Taxameter und lassen Sie sich den Preis vom Fahrer bestätigen, bevor Sie einsteigen. Im Allgemeinen wird erwartet, dass die Fahrgäste den Endpreis aufrunden.

## Radfahren

Das hügelige Dubrovnik und das überlaufene Split sind alles andere als ideale Reiseziele für Radfahrer. Anders sieht es auf den Inseln der dalmatinischen Küste aus. In den dortigen Städten macht es Spaß, Rad zu fahren. Im Hinterland gibt es gut markierte Wege und zahlreiche Fahrradverleihe.

## Zu Fuß

Dalmatiens Küste ist mit ihrem umfangreichen und gut ausgeschilderten Wegenetz am Meer sowie im Landesinneren ein fantastisches Wandergebiet.

Auch auf den Inseln sind ländliche Gebiete relativ leicht zu erreichen und das Wetter ist meist angenehm. Nehmen Sie gute Wanderschuhe, ausreichend Wasser, eine Karte und einen Kompass mit – und halten Sie sich an Ihre Route. Sagen Sie Bescheid, wohin Sie gehen und wann Sie zurückkehren wollen.

Kompakte Zentren wie Dubrovnik und Split sind für Spaziergänge ideal. Die Hauptsehenswürdigkeiten sind nicht weit voneinander entfernt.

### Öffentliche Verkehrsmittel

**Libertas**
W libertasdubrovnik.hr

**Promet Split**
W promet-split.hr

### Pannenhilfe

**ADAC**
T +49 89 22 22 22

**Hrvatski Autoklub (HAK)**
T +385 1 1987
W hak.hr

### Mietwagen

**Avis**
W avis.com

**Hertz**
W hertz.hr

**Sixt**
W sixt.hr

### Taxis

**Dubrovnik**
T +385 20 411 411

**Split**
T +385 21 473 737

# Praktische Hinweise

## Einreise

Für die Einreise von EU-Bürgern und Schweizern nach Kroatien ist ein gültiger Personalausweis oder Reisepass erforderlich. Auch Kinder jeden Alters benötigen ein eigenes Reisedokument mit Lichtbild.

Seit Januar 2023 gehört Kroatien zum Schengen-Raum. Alle Kontrollen an den Land- und Seegrenzen zu Slowenien, Ungarn und Italien wurden abgeschafft. Die Grenzen zu Serbien, Bosnien & Herzegowina und Montenegro wurden zur Schengen-Außengrenze.

## Zoll

Bei EU-Bürgern sind Waren für den persönlichen Gebrauch zollfrei. Für Tabak und Alkohol gelten die EU-Höchstgrenzen: 800 Zigaretten, 400 Zigarillos, 200 Zigarren oder ein Kilogramm Tabak; zehn Liter Spirituosen, 90 Liter Wein oder 110 Liter Bier.

## Reise- & Sicherheitshinweise

Deutsche, Österreicher und Schweizer erhalten auf den Websites ihrer Außenministerien Reisehinweise und Informationen über die aktuelle Sicherheitslage. Da es wegen unvorhersehbarer Entwicklungen jederzeit zu Änderungen und Einschränkungen kommen kann, stellen die Außenministerien von Deutschland, Österreich und der Schweiz zudem kostenlose Apps zur Verfügung, über die Reisende sofort von Veränderungen der Sicherheitslage erfahren.

## Botschaften

Die Botschaften von **Deutschland**, **Österreich** und der **Schweiz** befinden sich in Zagreb. Deutschland und Österreich haben zudem noch Konsulate in anderen Städten des Landes.

## Versicherung

Gesetzlich versicherte Bürger der EU und der Schweiz haben mit der Europäischen Krankenversicherungskarte (EHIC) ihrer Krankenkasse auch in Kroatien Anrecht auf kostenlose medizinische Versorgung. Die Versicherung deckt Notfallbehandlungen und Folgerezepte ab, nicht aber Krankenrücktransporte und Zahnbehandlungen, weshalb eine zusätzliche Reiseversicherung – auch für den Fall von Diebstählen und anderen Verlusten – eine Überlegung wert ist.

## Gesundheit

Eine Klinik oder ein Gesundheitszentrum *(dom zdravlja)* mit qualifiziertem Personal und guter Ausstattung gibt es in jeder Stadt und größeren Ortschaft. Die Qualität der Versorgung entspricht der in vielen westeuropäischen Ländern.

Das Krankenhaus **Opća bolnica** liegt auf der Halbinsel Lapad (Dubrovnik) und ist mit der Buslinie 9 erreichbar. Hier befindet sich auch die Hauptnotaufnahme der Stadt. In Split werden Notfälle im **Klinički bolnički centar** (Klinisches Krankenhaus Firule) behandelt.

Apotheken *(ljekarna)* sind an einem grünen Kreuz über dem Eingang zu erkennen und können bei kleineren Beschwerden geeignete rezeptfreie Medikamente empfehlen. Sie sind in der Regel von 8 bis 20 Uhr geöffnet, manchmal aber auch nur vormittags oder nachmittags.

Wer verschreibungspflichtige Medikamente benötigt, sollte einen ausreichenden Vorrat von zu Hause mitbringen. Einige Arzneimittel sind nicht unter den Handelsnamen ihres Herkunftslandes bekannt, sondern unter dem Namen der darin enthaltenen Wirkstoffe. Es ist hilfreich, wenn Sie bei Bedarf ein von Ihrem Arzt ausgestelltes Rezept vorlegen können, das belegt, dass Sie zur Einnahme eines bestimmten Arzneimittels berechtigt sind.

Sofern nicht anderweitig angegeben, ist Leitungswasser trinkbar.

## Rauchen, Drogen & Alkohol

Das Rauchen ist in allen geschlossenen öffentlichen Räumen verboten, auch in offenen Räumen wie Busbahnhöfen und Stadien. Das Bußgeld für das Rauchen in geschlossenen Räumen beträgt 150 Euro.

Das gesetzliche Mindestalter für den Alkoholkonsum beträgt 18 Jahre. Für Autofahrer gilt eine Promillegrenze von 0,5. Das Überschreiten dieses Werts wird mindestens mit einer Geldstrafe von nicht unter 400 Euro geahndet.

Handel, Besitz und Konsum von Drogen werden streng geahndet und können zu einer Gefängnisstrafe führen.

## Ausweispflicht

Es ist ratsam, einen Ausweis mit sich zu führen, insbesondere wenn Sie Auto fahren. Eine Fotokopie der Fotoseite Ihres Reisepasses sollte ausreichen. Sie können jedoch jederzeit von der Polizei aufgefordert werden, Ihren Ausweis vorzulegen.

## Persönliche Sicherheit

Die Kriminalitätsrate in Kroatien ist niedrig. Schwere Verbrechen gegen Urlauber sind selten. Sie sollten jedoch umsichtig sein und auf Taschendiebe achten – insbesondere in öffentlichen Verkehrsmitteln oder in touristischen Gegenden. Wenn Sie Opfer eines Verbrechens werden, benachrichtigen Sie sofort die Polizei. **Polizei**, **Feuerwehr** und **Krankenwagen** sind unter der Notrufnummer 112 zu erreichen. Diese Nummer gilt auch für die **Bergrettung**, die denjenigen hilft, die beim Wandern oder Klettern im dalmatinischen Hochland Hilfe benötigen, und die **Seenotrettung**.

Obwohl das Land konservative katholische Werte vertritt, akzeptieren die Kroaten im Allgemeinen alle Menschen, unabhängig von ihrer Herkunft, ihrem Geschlecht oder ihrer Sexualität. Homosexualität ist seit 1977 in Kroatien legal. 2015 belegte Kroatien in Bezug auf LGBTQ+ Rechte den fünften Platz unter den Ländern Europas. An der dalmatinischen Küste gibt es Strände für Homosexuelle in Hvar und Lokrum. Doch trotz der vielen Freiheiten, die die LGBTQ+ Gemeinschaft in Kroatien genießt, ist Akzeptanz nicht immer selbstverständlich. Gerade in ländlichen Gebieten kann öffentlich gezeigte Zuneigung homosexueller Paare negative Reaktionen hervorrufen.

## Reisende mit besonderen Bedürfnissen

Die alten Kopfsteinpflasterstraßen und Gebäude in den meisten kroatischen Städten sind für Menschen mit eingeschränkter Mobilität nicht geeignet. Viele Sehenswürdigkeiten haben keinen Zugang für Rollstühle oder Aufzüge. Die Situation wird langsam besser. Einige Verkehrsterminals in Großstädten sind jetzt rollstuhlgerecht und die öffentlichen Toiletten an Bahnhöfen, Flughäfen und großen öffentlichen Einrichtungen sind in der Regel ebenfalls für Rollstühle zugänglich.

Informationen bietet der **Verband der Behindertenorganisationen in Kroatien (SOIH)**.

### Reise- & Sicherheitshinweise

W auswaertiges-amt.de
W bmeia.gv.at
W eda.admin.ch

### Botschaften

**Deutschland**
Ulica grada Vukovara 64, 10000 Zagreb
T +385 1 6300 100
W zagreb.diplo.de

**Österreich**
Radnička cesta 80, 9. Stock, 10000 Zagreb
T +385 1 4881 050
W bmeia.gv.at/oeb-agram

**Schweiz**
Augusta Cesarca 10, 10000 Zagreb
T +385 1 4878 800
W eda.admin.ch/zagreb

### Krankenhäuser

**Klinički bolnički centar, Split**
Karte N6 ■ Spinčićeva 1
T +385 21 556 111
W kbsplit.hr

**Opća bolnica, Dubrovnik**
Karte J8 ■ Dr. Roka Mišetića 2
T +385 20 431 777
W bolnica-du.hr

### Notrufnummer

**Polizei, Feuerwehr, Krankenwagen, Berg- & Seenotrettung**
T 112

### Reisende mit besonderen Bedürfnissen

**Verband der Behindertenorganisationen in Kroatien (SOIH)**
W soih.hr

## Zeit

In Kroatien gilt die Mitteleuropäische Zeit (MEZ). Die Sommerzeit dauert von Ende März bis Ende Oktober wie im restlichen Europa.

## Geld & Kreditkarten

Die offizielle Währung in Kroatien ist der Euro, er hat 2023 die Kroatische Kuna abgelöst. Wer noch Kuna-Banknoten und -Münzen besitzt, kann diese bis Ende 2023 bei kroatischen Geschäftsbanken und Postfilialen umtauschen. Danach muss der Umtausch bei der kroatischen Zentralbank erfolgen.

Gängige Kredit- und Debitkarten werden in vielen Läden und Restaurants akzeptiert, aber sicher nicht in allen. Auch das kontaktlose Bezahlen ist immer häufiger möglich, dennoch ist es immer ratsam, etwas Bargeld mitzuführen. Geldautomaten sind in den Städten weitverbreitet, in ländlichen Gegenden weniger. Ein Trinkgeld von fünf bis zehn Prozent ist üblich, wenn der Service besonders gut ist.

## Strom

Die Stromspannung beträgt 230 Volt bei einer Frequenz von 50 Hertz. Flache zweipolige Stecker passen immer.

## Mobiltelefone & WLAN

Alle in Europa gängigen Smartphones und Handys funktionieren auch in Kroatien problemlos. Seit Abschaffung der Roaminggebühren können EU-Bürger ihr Mobiltelefon ohne zusätzliche Kosten benutzen.

Hotspots und WLAN gibt es u. a. in Hotels, Restaurants, Bars und Cafés sowie an Bahnhöfen, in Marinas und auf Campingplätzen. Oft ist der Service kostenlos.

## Post

Die Hrvatska Pošta (HP) betreibt Postfilialen in allen Städten. Briefmarken *(marke)* sind auch an Zeitungskiosken erhältlich. Postkarten und Briefe werden auf dem Landweg verschickt, es sei denn, es wird ausdrücklich Luftpost verlangt. Briefe und Postkarten können in den Postfilialen aufgegeben oder in die gelben Briefkästen am Straßenrand geworfen werden.

Die **Hauptpost Dubrovnik** ist montags bis freitags von 8 bis 19 Uhr sowie samstags von 8 bis 13 Uhr geöffnet. Die Öffnungszeiten der **Hauptpost Split** sind montags bis freitags von 8 bis 20 Uhr sowie samstags von 8 bis 18 Uhr. Kleinere Filialen in süddalmatinischen Städten und auf den Inseln haben etwas kürzere Öffnungszeiten. Im Sommer verlängern einige Postfilialen in Urlaubsorten ihre Öffnungszeiten bis 22 Uhr.

## Wetter

Dalmatiens mediterranes Klima bietet heiße Sommer und milde Winter. In den Monaten Juli und August können die Temperaturen sehr hoch sein, dann ist Sonnenschutz unabdingbar.

Eine Besonderheit des dalmatinischen Klimas ist die Bora: Der trockene, kalte und sehr böige Fallwind aus dem Norden kann sich auf den Fährdienst und auf den Straßenverkehr auswirken. Im Sommer kann die Bora einige Stunden oder einen Tag dauern.

## Öffnungszeiten

Läden haben meist montags bis freitags von 8 bis 20 Uhr, samstags von 8 bis 15 Uhr geöffnet. Im Sommer sind diese Zeiten oft länger, einige Geschäfte schließen dafür am Nachmittag, wenn die Temperaturen hoch sind, für einige Stunden.

Banken sind in der Regel montags bis freitags von 8 bis 17 Uhr (manche auch bis 19 Uhr) sowie samstags von 8 bis 13 oder 14 Uhr zugänglich.

Viele Museen und Galerien legen mindestens einen Ruhetag in der Woche ein, in der Regel montags.

## Information

Einen ersten Überblick kann man sich auf der Website der **Kroatischen Zentrale für Tourismus** verschaffen. Weitere Informationen bieten die **Fremdenverkehrsämter** der einzelnen Gespanschaften sowie die **Fremdenverkehrsbüros** in den Städten.

## Touren & Ausflüge

Rundgänge sind eine gute Möglichkeit, die versteckten Ecken einer Stadt zu erkunden. Zu empfehlen sind die Anbieter **Dubrovnik Walking Tours** und **Split Walking Tour**.

Ausflüge ab Dubrovnik organisiert u. a. **Gulliver Travel**. Von Split aus bieten sowohl **Split Adventure** als auch **Go Adventure** Tagestouren an.

Das Biokovo-Gebirge zwischen Dubrovnik und Split ist auf eigene Faust nur schwer zu erkunden. Wenden Sie sich besser an **Budanko Travel** oder **Safari Buggy Biokovo**.

Fahrten zur beliebten Blauen Grotte auf Biševo veranstalten **Alternatura** und **Blue Cave Agency**.

Auf Hvar bieten **Secret Hvar** und **Hvar Adventure** Weinverkostungen, Wanderungen und Touren durch die historischen Bergdörfer der Insel an.

**Idi & Vidi** hat exzellente Kultur- und Gourmet-Touren auf Brač im Programm.

## Etikette

Kroaten sind im Allgemeinen recht konservativ. Lärm und Trunkenheit sind verpönt. In einigen Städten gibt es mittlerweile spezielle Verhaltensregeln für Touristen, so haben Split, Hvar-Stadt und Dubrovnik ein Bußgeld für das Tragen von Badekleidung in den Stadtzentren eingeführt.

Der Konflikt der 1990er Jahre *(siehe S. 41)* ist in den Köpfen der Kroaten noch sehr präsent. Viele Einheimische waren davon betroffen. Einige möchten vielleicht darüber sprechen, andere nicht. Forcieren Sie das Thema nicht. Informieren Sie sich vor Ihrer Reise und gehen Sie sensibel mit dem Thema um. Beachten Sie, dass viele Kroaten es nicht gern hören, wenn man von einem »Bürgerkrieg« spricht.

## Sprache

Neben der Landessprache Kroatisch ist Englisch weitverbreitet, Italienisch und Deutsch werden ebenfalls häufig gesprochen. Auch außerhalb der großen Städte ist es durchaus möglich, auf Personal zu treffen, das über Grundkenntnisse der deutschen und englischen Sprache verfügt.

## Mehrwertsteuer

Der Mehrwertsteuersatz beträgt in Kroatien 25 Prozent, der ermäßigte Satz (überwiegend für Lebensmittel) 13 Prozent. Nicht-EU-Bürger können sich die Mehrwertsteuer bei der Ausreise rückerstatten lassen.

## Hotels

Kroatien bietet eine große Auswahl an Unterkünften für jeden Geschmack und jeden Geldbeutel. Während der Sommersaison von Juni bis September sind die Preise oft sehr hoch und die Zimmer in den Hotels und Pensionen schnell ausgebucht. Es ist daher sinnvoll, möglichst früh zu buchen.

### Kreditkartenverlust

**Allgemeiner Notruf**
+49 116 116
sperr-notruf.de

### Post

**Hauptpost Dubrovnik**
Karte J8 ▪ Vukovarska 16

**Hauptpost Split**
Karte N6 ▪ Hercegovačka 1

### Information

**Kroatische Zentrale für Tourismus**
croatia.hr

**Fremdenverkehrsbüro Dubrovnik (Stadt)**
Karte E8 ▪ Brsalje 5, Dubrovnik
+385 20 323 887
tzdubrovnik.hr

**Fremdenverkehrsamt Dubrovnik (Gespanschaft)**
Karte J8 ▪ Šipčine 2, Dubrovnik
+385 20 324 999
visitdubrovnik.hr

**Fremdenverkehrsbüro Split (Stadt)**
Karte M2 ▪ Riva 9, Split
+385 21 360 066
visitsplit.com

**Fremdenverkehrsamt Split (Gespanschaft)**
Karte N6 ▪ Prilaz braće Kaliterna 10, Split
+385 21 490 032
dalmatia.hr

### Touren & Ausflüge

**Alternatura**
alternatura.hr

**Blue Cave Agency**
visbluecave.com

**Budanko Travel**
budankotravel.com

**Dubrovnik Walking Tours**
dubrovnik-walking-tours.com

**Go Adventure**
goadventure.hr

**Gulliver Travel**
gulliver.hr

**Hvar Adventure**
hvar-adventure.com

**Idi & Vidi**
idiividi.com

**Safari Buggy Biokovo**
safaribuggy.hr

**Secret Hvar**
secrethvar.com

**Split Adventure**
splitadventure.com

**Split Walking Tour**
splitwalkingtour.com

# Hotels

**Preiskategorien**
Preis für ein Doppelzimmer pro Nacht mit Frühstück (falls inklusive), Steuern und Service.

€ unter 150 € €€ 150–250 € €€€ über 250 €

## Luxushotels

### Dubrovnik President Valamar Collection Hotel

**Karte H8 ■ Iva Dulčića 142 ■ +385 20 441 100 ■ Nov–März geschl. ■ www.valamar.com ■ €€**
Das Hotel liegt in der Nähe der Altstadt und nur wenige Meter vom Strand entfernt auf der malerischen Halbinsel Babin Kuk. Es gibt ausschließlich Zimmer mit Meerblick, ein Wellnesscenter, Innen- und Außenpools sowie ein preisgekröntes Restaurant.

### Sheraton Dubrovnik Riviera, Srebreno

**Karte H6 ■ Šetalište Dr. F. Tuđmana 17 ■ +385 20 601 500 ■ www.sheratondubrovnikriviera.com ■ €€**
Das moderne, riesige Hotel befindet sich direkt an der reizenden Srebreno-Bucht, zehn Kilometer südöstlich von Dubrovnik. Neben dem hoteleigenen Zugang zum Strand verfügt das Haus auch über Pools im Freien und im Innern. Zudem gibt es ein Wellnesscenter und exzellente Restaurants.

### Adriana, Hvar-Stadt

**Karte C4 ■ Fabrika 28 ■ +385 21 750 200 ■ www.suncanihvar.com ■ €€€**
Das in herrlicher Lage, direkt am Hafen von Hvar gelegene moderne Hotel hat kleine, aber gut ausgestattete Zimmer in Lavendeltönen. Zum großartigen Wellnessbereich gehört auch ein kleiner Pool. Die Bar bietet einen schönen Hafenblick – ideal, um bei einem Cocktail zu entspannen.

### Excelsior, Dubrovnik

**Karte H8 ■ Frana Supila 12 ■ +385 20 300 300 ■ www.adriaticluxuryhotels.com ■ €€€**
Mit Blick auf die Adria und die Altstadt ist dies bei Weitem das schönste Hotel in Dubrovnik. Die herrliche Aussicht wird mit einem tadellosen Service kombiniert. Zum Excelsior gehören vier Restaurants, ein preisgekröntes Spa und ein hübscher Kiesstrand.

### Grand Villa Argentina, Dubrovnik

**Karte H8 ■ Frana Supila 14 ■ +385 20 300 300 ■ www.adriaticluxuryhotels.com ■ €€€**
Die Fünf-Sterne-Anlage liegt nur wenige Minuten von der Altstadt entfernt inmitten wunderschön gepflegter Terrassengärten. Das Hotel bietet Blick auf die Adria, direkten Zugang zum Strand und ein luxuriöses Spa.

### Hilton Imperial Dubrovnik

**Karte J8 ■ Marijana Blažića 2 ■ +385 20 320 320 ■ www.dubrovnik.hilton.com ■ €€€**
Das Hotel mit 149 gut ausgestatteten Zimmern und Suiten bietet modernen Komfort, historisches Ambiente, ein exzellentes Freizeitangebot, die Imperial Bar & Lounge, das Restaurant Imperial Terrace, ein Hallenbad mit Sonnendeck und einen Fitnessclub.

### Lešić Dimitri Palace, Korčula-Stadt

**Karte E5 ■ Don Pavla Poše 1–6 ■ +385 20 715 560 ■ Nov–März geschl. ■ www.ldpalace.com ■ €€€**
Die sechs Residenzen dieses noblen Boutique-Aparthotels befinden sich in mittelalterlichen Gemäuern. Die Zimmer sind chic und modern, es gibt Privatboote, ein Restaurant mit Michelin-Stern sowie Thai- und Ayurveda-Massagen.

### Park, Split

**Karte N6 ■ Hatzeov Perivoj 3 ■ +385 21 406 400 ■ www.hotelpark-split.hr ■ €€€**
Das Park galt lange als das beste Hotel in Split. Es liegt an der Küste bei Bačvice, hat komfortable, moderne Zimmer, sehr freundliches Personal und ein Restaurant mit einer von Palmen gesäumten, zum Meer gerichteten Terrasse.

### Pucić Palace, Dubrovnik

**Karte G9 ■ Od Puča 1 ■ +385 20 326 222 ■ www.thepucicpalace.com ■ €€€**
Der renovierte Barockpalast ist von klassischer Eleganz und Geschichte durchdrungen und das einzige Luxushotel innerhalb der Stadtmauern.

### Villa Dubrovnik, Dubrovnik

**Karte K9 ▪ Vlaha Bukovca 6 ▪ +385 20 500 300 ▪ www.villa-dubrovnik.hr ▪ €€€**

Die Villa Dubrovnik liegt 15 Minuten von der Altstadt entfernt auf Klippen. Das Hotel bietet nicht nur einen herrlichen Blick auf die Stadt und die Insel Lokrum, sondern auch eine unvergleichliche Gastronomie sowie erstklassige Freizeitangebote.

## Urlaubshotels

### Hotel Odisej, Nationalpark Mljet

**Karte E6 ▪ Pomena 16 ▪ +385 20 300 300 ▪ Okt–Apr geschl. ▪ www.adriaticluxuryhotels.com ▪ €**

Das charmante, von Kiefern und Eichen umgebene Hotel im Nationalpark Mljet hat gute, einfache Zimmer und auch luxuriösere Apartments im Angebot. Es verfügt über eine Taverne, einen Kiesstrand und eine Marina – entscheidender Pluspunkt ist allerdings die fantastische Lage.

### Amfora, Hvar-Stadt

**Karte C4 ▪ Ulica biskupa Jurja Dubokovića 5 ▪ +385 21 750 300 ▪ Nov–März geschl. ▪ www.suncanihvar.com ▪ €€**

Die Pluspunkte des größten Hotels von Hvar sind das freundliche Empfangspersonal, hübsch gestaltete Zimmer mit Blick auf die Pakleni-Inseln *(siehe S. 34)* sowie verschiedene Sporteinrichtungen, darunter ein großer Poolbereich mit kaskadenartigen Wasserfällen, der von Gärten umgeben ist.

### Bluesun Elaphusa, Brač

**Karte C4 ▪ Put Zlatnog rata 46, Bol ▪ +385 21 306 200 ▪ Nov–Apr geschl. ▪ www.hotelelaphusabrac.com ▪ €€**

Dieses moderne Vier-Sterne-Hotel verfügt über 306 geräumige Zimmer und sechs Suiten. Zum Strand von Zlatni Rat geht man nur fünf Minuten. Für Gäste gibt es Sport- und Fitnessangebote, ein luxuriöses Spa und ein Wellnesscenter.

### Bluesun Holiday Village Velaris, Brač

**Karte C3 ▪ Put Vele Luke 10 ▪ +385 21 606 600 ▪ www.velaris.hr ▪ €€**

Das Resort aus Hotels und Villen mit drei und vier Sternen auf einer bewaldeten Landzunge westlich von Supetar ist ideal für Familien. Angeboten werden Kajakfahren, Surfen, Segeln, Tauchen, Jet- und Wasserski.

### Croatia, Cavtat

**Karte H7 ▪ Frankopanska 10 ▪ +385 20 300 300 ▪ www.adriaticluxuryhotels.com ▪ €€**

Das ruhige, in einem Wald gelegene Fünf-Sterne-Resort bietet alles, was das Herz begehrt: abgelegene Strände, Innen- und Außenpools, Wanderwege, ein luxuriöses Spa- und Wellnesscenter sowie Restaurants und Bars.

### Issa, Vis-Stadt

**Karte B5 ▪ Šetalište Apolonija Zanelle 5 ▪ +385 21 711 164 ▪ www.vis-hoteli.hr ▪ €€**

In diesem bescheidenen Drei-Sterne-Haus gibt es zwar nicht all die Annehmlichkeiten wie in den anderen Hotels, dafür ist die Lage sehr idyllisch, der nahe Kiesstrand quasi unberührt und der Blick auf die Bucht von Vis-Stadt herrlich. Bootsverleihe und Anbieter für Tauchkurse sind ganz in der Nähe.

### Kompas, Dubrovnik

**Karte J8 ▪ Kardinala Stepinca 21 ▪ +385 20 300 300 ▪ www.adriaticluxuryhotels.com ▪ €€**

Von diesem Vier-Sterne-Hotel überblickt man den beliebten Strand an der Lapad-Bucht. Im modernen Wellnesscenter werden diverse Beauty-Anwendungen angeboten. Von den Zimmern mit Balkon ist der Ausblick atemberaubend.

### Marko Polo Hotel by Aminess, Korčula-Stadt

**Karte E5 ▪ Šetalište F. Kršinića 33 ▪ +385 20 726 336 ▪ www.aminess.com ▪ €€**

Dieses Vier-Sterne-Hotel punktet mit schönen Ausblicken auf Hafen und Altstadt von Korčula und mit Meerblick. Es gibt 103 Zimmer, einen Pool, ein Wellnesscenter und einen kleinen Kiesstrand.

### Radisson Blu Resort & Spa, Split

**Karte C3 ▪ Put Trstenika 19 ▪ +385 21 303 030 ▪ www.radissonblu.com/resort-split ▪ €€**

Das Hotel liegt ungefähr drei Kilometer östlich der Altstadt von Split und verfügt über 252 schöne, moderne Zimmer und Suiten, einen Swimmingpool und ein luxuriöses Spa. Es liegt nahe an einem hübschen Kiesstrand.

### Valamar Meteor Hotel, Makarska

**Karte D4 ▪ Kralja Petra Krešimira IV 19 ▪ +385 21 564 200 ▪ www.valamar.com ▪ €€**

Das Vier-Sterne-Hotel am langen Kiesstrand von Makarska bietet dank der stufenförmigen Bauweise aus jedem Zimmer Meerblick. Neben einem Wellnesscenter gibt es große Innen- und Außenpools und ein Fitnessstudio.

## Boutiquehotels

### Hotel Bol, Bol, Brač

**Karte C4 ▪ Hrvatskih domobrana 19 ▪ +385 21 635 660 ▪ www.hotel-bol.com ▪ €€**

Das kleine Hotel unweit des Strands von Zlatni Rat und nur wenige Minuten vom Zentrum von Bol entfernt bietet ein Restaurant, eine Bar, einen Fitnessraum, eine Sauna und einen Pool. Aus einigen Zimmern sieht man Vidova Gora, den höchsten Gipfel der Insel Brač.

### Hotel Korsal, Korčula-Stadt

**Karte E5 ▪ Šetalište Frana Kršinića 80 ▪ +385 20 715 722 ▪ Nov – Apr geschl. ▪ www.hotel-korsal.com ▪ €€**

Direkt am Meer und nur zehn Gehminuten in die Altstadt – das beschreibt die Lage des Vier-Sterne-Hotels. Alle zehn Zimmer sind in Grün und Gelb gestaltet. Das Restaurant hat eine Terrasse.

### Luxe, Split

**Karte N3 ▪ Kralja Zvonimira 6 ▪ +385 21 314 444 ▪ www.hotelluxesplit.com ▪ €€**

Das wenige Schritte vom Diokletianpalast entfernte, moderne Hotel mit seiner Kombination aus hellvioletten Stoffen und weißen Oberflächen bietet aus den oberen Stockwerken eine hervorragende Aussicht.

### Marmont, Split

**Karte L2 ▪ Zadarska 13 ▪ +385 21 308 060 ▪ www.marmonthotel.com ▪ €€**

Das Vier-Sterne-Hotel empfängt seine Gäste in einem alten Palast aus dem 15. Jahrhundert mitten in der Altstadt von Split. Es gibt 21 Zimmer mit moderner Einrichtung und schwarzen Marmorbädern sowie eine Präsidentensuite. Zum Haus gehören ein Restaurant, eine Lounge-Bar und eine Sonnenterrasse.

### Osam, Supetar, Brač

**Karte C3 ▪ Vlačica 3 ▪ +385 21 552 333 ▪ www.hotel-osam.com ▪ €€**

Die Zimmer in diesem Hotel, das an der Uferstraße Richtung Hafen von Supetar liegt, sind von schlichter Eleganz. Die Gemeinschaftsräume sind minimalistisch und in Naturfarben gehalten. Von der luftigen Cocktailbar auf der Dachterrasse ist die Sicht auf das Festland spektakulär. Kinder sind nicht willkommen.

### Peristil, Split

**Karte N2 ▪ Poljana Kraljice Jelene 5 ▪ +385 21 329 070 ▪ www.hotelperistil.com ▪ €€**

Das Hotel mitten im Diokletianpalast bietet zwölf individuell gestaltete Zimmer und makellosen Service. Die Innenausstattung ist überall hell und elegant. Freundliches Personal rundet das Ambiente ab. Besonders zu empfehlen sind das Zimmer 304 und Zimmer mit Blick auf das Peristyl *(siehe S. 30)*.

### Riva, Hvar-Stadt

**Karte C4 ▪ Riva 27 ▪ +385 21 750 100 ▪ Nov – März geschl. ▪ www.suncanihvar.com ▪ €€**

Das Vier-Sterne-Hotel in einem schönen Haus direkt an der Marina hat sehr komfortable Zimmer mit Klimaanlage. Versuchen Sie, ein Zimmer mit Balkon und Meerblick zu bekommen. Nebenan befindet sich eine sehr beliebte Bar.

### Villa Wolff, Dubrovnik

**Karte J8 ▪ Nika i Meda Pucića 1 ▪ +385 20 438 710 ▪ www.villa-wolff.hr ▪ €€**

Das Boutiquehotel mit sechs schönen Zimmern und aufmerksamem Service ist nur wenige Autominuten von der Stadtmauer entfernt. Es besitzt einen wunderbar üppigen Garten und verspricht einen großartigen Blick auf das Meer. Das Restaurant Casa liegt direkt am Wasser.

### Aminess Korčula Heritage Hotel, Korčula-Stadt

**Karte E5 ▪ Obala Dr. F. Tuđmana 5 ▪ +385 20 726 336 ▪ www.aminess.com ▪ €€€**

Das alte Grandhotel im Stil der Belle Époque entstand am Vorabend des Ersten Weltkriegs. Das moderne Haus liegt an der Uferpromenade in der Altstadt von Korčula-Stadt. Auf der großen Terrasse werden traditionelle Fischspezialitäten serviert.

### Prijeko Palace, Dubrovnik

**Karte F8 ■ Prijeko 22 ■ +385 20 321 145 ■ www.prijekopalace.com ■ €€€**

Das extravagante Hotel befindet sich in einem ehemaligen, geschichtsträchtigen Palast in der Altstadt. An den Wänden der gemütlichen Apartmentzimmer (mit Kochnische) hängen moderne Kunstwerke. Im hauseigenen Restaurant werden vorzügliche französisch-dalmatinische Speisen serviert.

### Vestibul Palace, Split

**Karte M2 ■ Iza Vestibula 4 ■ +385 21 329 329 ■ www.vestibulpalace.com ■ €€€**

Wenn Sie im Herzen des Diokletianpalasts übernachten möchten, dann gibt es nur wenige Hotels, die besser sind als das Vestibul. Das mittelalterliche Haus wurde einst genau über den ehemaligen Wohnbereichen des römischen Kaisers erbaut. Die Einrichtung ist ein gelungener Mix aus offenem Mauerwerk und modernem, minimalistischem Mobiliar.

## Kleine Hotels & B & Bs

### Boutique Accommodation Mljet, Mljet

**Karte E6 ■ Goveđari 14 ■ +385 20 744 140 ■ www.boutiqueaccommodationmljet.com ■ €**

In einem renovierten, ehemaligen Schulgebäude im Dorf Goveđari – an der Grenze zum Nationalpark Mljet – ist dieses Haus mit seinen drei zauberhaften Apartments untergebracht. Ausgestattet sind die gemütlichen Wohneinheiten mit sämtlichen modernen Annehmlichkeiten, die Einrichtung ist eher traditionell orientiert. In der Umgebung gibt es diverse Wandermöglichkeiten.

### Ostrea, Mali Ston

**Karte G6 ■ Mali Ston ■ +385 20 754 555 ■ www.ostrea.hr ■ €**

Das kleine Hotel der Familie Kralj befindet sich zwischen dem Meer und den Pelješac-Hügeln. Die nackten Mauern der geschmackvoll eingerichteten Zimmer und Suiten sind mit moderner Kunst geschmückt.

### Villa Carrara, Trogir

**Karte B3 ■ Gradska 15 ■ +385 21 881 075 ■ www.karara-ap.com ■ €**

Die nette Pension in der Altstadt von Trogir – sie zählt zum Welterbe der UNESCO – hat ihre acht Zimmer mit Antiquitäten eingerichtet. Im kleinen Frühstücksraum sitzt man auf hübschen Stühlen mit schmiedeeisernen Verzierungen.

### Villa Neretva, Metković

**Karte F5 ■ Krvavac II ■ +385 20 672 200 ■ hotel-restaurant-villa-neretva.hr ■ €**

Das Restaurant am Meer, mitten im Neretva-Delta *(siehe S. 94f)*, bietet komfortable Zimmer. Von hier aus kann man die Wasserlandschaft gut erkunden. Für Gäste stehen Boote zur Verfügung.

### Villa Varoš, Split

**Karte M5 ■ Miljenka Smoje 1 ■ +385 99 215 9538 ■ www.villavaros.hr ■ €**

Das wunderbar renovierte mittelalterliche Steinhaus befindet sich in Familienbesitz und bietet gepflegte Doppelzimmer und Apartments an. Die kleine Villa im Varoš-Viertel ist nur fünf Minuten vom Diokletianpalast entfernt. In den schmalen Gassen finden sich Lokale und Cafés. Die Eigentümer des Hotels führen auch ein nahes Restaurant, wo man mittags und abends essen kann.

### Fresh* Sheets Kathedral, Dubrovnik

**Karte G10 ■ Bunićeva Poljana 6 ■ +385 91 896 7509 ■ www.freshsheetskathedral.com ■ €€**

In einem historischen Gebäude im Herzen von Dubrovnik ist Fresh* Sheets untergebracht. Einzigartig ist die Lage, denn das von einem kanadischen Ehepaar betriebene Haus befindet sich hinter der Kathedrale. Für die Gäste stehen Doppelzimmer, Familiensuiten und Apartments bereit, die allesamt modern eingerichtet sind. In der Nähe gibt es gute Cafés.

### Hotel Villa Pattiera, Cavtat

**Karte H7 ■ Trumbićev put 9 ■ + 385 20 478 800 ■ Nov – März geschl. ■ www.villa-pattiera.hr ■ €€**

In dieser Villa wurde im Jahr 1890 der kroatische Tenor Tino Pattiera geboren. Vom heutigen Boutiquehotel hat man einen schönen Blick über den Hafen. Zwölf schicke Zimmer stehen zur Verfügung, alle mit Balkon oder Terrasse. Das exzellente Restaurant Dalmacija hat auch Tische im Freien.

**Preiskategorien siehe S. 112**

### San Giorgio, Vis-Stadt

**Karte B5 ▪ Petra Hektorovića 2 ▪ +385 21 607 630 ▪ Nov–März geschl. ▪ www.hotelsangiorgiovis.com ▪ €€**

Dieser kleine Familienbetrieb befindet sich im historischen Stadtviertel Kut. Die meisten Stammgäste sind besonders von der Steinfassade, den geräumigen Zimmern – einige bieten Meerblick –, der ruhigen Umgebung und dem hervorragenden Fischrestaurant angetan.

### Boutique Hotel Stari Grad, Dubrovnik

**Karte F8 ▪ Od Sigurate 4 ▪ +385 20 322 244 ▪ www.hotelstarigrad.com ▪ €€€**

Das Hotel in der Altstadt verfügt über acht Zimmer und liegt etwas versteckt in einer engen Nebenstraße des Stradun. Es ist in einem Adelshaus aus dem 16. Jahrhundert untergebracht. Von der Dachterrasse hat man einen schönen Blick auf Altstadt und Adria.

## Preiswerte Hotels

### Biličić Guesthouse, Dubrovnik

**Außerhalb der Karte ▪ Privežna 2 ▪ +385 20 417 152 ▪ €**

Das Haus mit gemütlichen Zimmern mit Bad liegt in einem lieblichen, ummauerten Garten und zählt zu den schönsten Gästehäusern in ganz Dubrovnik. Es befindet sich an einem Berghang ein Stück außerhalb der Stadtmauer, nur wenige Gehminuten von der Altstadt entfernt. Aufgrund der großen Beliebtheit sollten Sie möglichst frühzeitig buchen.

### City Walls Hostel, Dubrovnik

**Karte F10 ▪ Svetog Šimuna 15 ▪ +385 91 799 2086 ▪ Nov–März geschl. ▪ www.citywallshostel.com ▪ €**

Das bei Rucksackurlaubern sehr beliebte Hostel befindet sich nahe der seewärtigen Stadtmauer Dubrovniks. Den Gästen stehen klimatisierte Schlafsäle, kostenloses Frühstück, eine Gemeinschaftsküche und freies WLAN zur Verfügung.

### Goli + Bosi, Split

**Karte L2 ▪ Morpurgova Poljana 2 ▪ +385 21 510 999 ▪ www.gollybossy.com ▪ €**

Das frühere Kaufhaus in der Altstadt hat 28 Zimmer vom Doppel- bis zum Achtbettzimmer, alle mit Bad und Klimaanlage. Es gibt zudem kostenloses WLAN und eine kantinenähnliche Pizzeria mit Bar.

### Green Lizard, Hvar-Stadt

**Karte C4 ▪ Domovinskog rata 13 ▪ +385 21 742 560 ▪ Nov–Apr geschl. ▪ www.greenlizard.hr ▪ €**

Nur zehn Gehminuten vom Hafen entfernt, auf dem Berg über der Altstadt, erwartet das Green Lizard seine Gäste mit spektakulären Aussichten. Es gibt Gratis-WLAN, Schlafsäle mit Stockbetten und zwei Doppelzimmer mit Bad. Im netten Garten wird oft gegrillt.

### Hostel Makarska, Makarska

**Karte D4 ▪ Prvosvibanjska 15 ▪ +385 91 256 7212 ▪ www.hostelmakarska.com ▪ €**

Im Herzen von Makarska liegt dieses umgebaute Wohnhaus, in dem sowohl Schlafsäle als auch Doppel- und Familienzimmer vorhanden sind. Der von Palmen bestandene Garten ist sehr beliebt, ebenso der rustikale BBQ-Bereich, in dem einige Holztische stehen.

### Marinero Hostel, Hvar-Stadt

**Karte C4 ▪ Sveti Marak 9 ▪ +385 91 410 2751 ▪ www.hostelmarinero.com ▪ €**

Das hohe und schmale Steinhaus ist in der Nähe des Hafens gelegen und bietet luftige Schlafsäle mit Stockbetten. Im Erdgeschoss befindet sich das Restaurant Marinero, das auch über große Tische im Freien verfügt – ideal für größere Gruppen. In den Nebenstraßen gibt es zahlreiche Bars und Lebensmittelläden. Hier sind oft Nachtschwärmer unterwegs.

### Old Town Hostel, Dubrovnik

**Karte F8 ▪ Od Sigurate 7 ▪ +385 20 322 007 ▪ Dez–Feb geschl. ▪ www.dubrovnikoldtownhostel.com ▪ €**

Das Hostel in einem alten Barockhaus hat 24 Betten in vier Schlafsälen und drei Doppelzimmern. Die weiß getünchten Räume bieten schlichte Holzböden und Stockbetten. Es gibt keine Klimaanlage, dafür eine Küche, einen Aufenthaltsraum mit Satelliten-TV sowie WLAN.

### Vila Micika, Dubrovnik

**Karte J8 ▪ Mata Vodopića 10 ▪ +385 20 437 332 ▪ www.vilamicika.hr ▪ €**

Diese typische dalmatinische Villa auf Lapad

bietet auf zwei Etagen acht einfache Zimmer mit Klimaanlage und Gratis-WLAN an – buchen Sie daher früh. Hinzu kommen Parkplatz, Grillbereich und Gemeinschaftsterrasse.

## Campingplätze

### Antony Boy, Viganj

**Karte E5 ■ Kućište, Viganj ■ +385 20 719 077 ■ www.antony-boy.com ■ €**

Dieser ebene Campingplatz ist teilweise von schattigen Olivenbäumen bestanden und liegt ganz in der Nähe des Punta-Strandes von Viganj – ein Mekka für Windsurfer aus allen Teilen Europas. Es gibt eine Windsurfschule inklusive Verleih für Windsurfausrüstung; Fahrräder kann man hier auch mieten.

### Camping Grebišće, Jelsa

**Karte C4 ■ Grebišće ■ +385 21 761 191 ■ Nov – Apr geschl. ■ www.grebisce.hr ■ €**

Es gibt nur wenige Plätze auf Hvar, auf denen man einen besseren und ungetrübteren Campingurlaub verbringen kann. Umgeben von Bäumen bietet Grebišće zwei sonnige Kiesstrände mit flachem Meer, wunderbar geeignet für Kinder. Ins Zentrum von Jelsa sind es etwa 1,5 Kilometer.

### Camping Stobreč, Split

**Karte C3 ■ Sv. Lovre 6, Stobreč, Split ■ +385 21 325 426 ■ www.campingsplit.com ■ €**

Der gut ausgerüstete Platz liegt am östlichen Stadtrand sechs Kilometer vom Zentrum auf einer Landzunge und ist von beiden Seiten vom Meer umgeben.

### Camping Trsteno, Trsteno

**Karte G6 ■ Trsteno ■ +385 20 751 060 ■ Okt – März geschl. ■ www.trsteno.hr ■ €**

Der schöne kleine Campingplatz mit Laden und Restaurant liegt in einem Olivenhain oberhalb des Arboretums in Trsteno. Über Treppen gelangt man zum Kiesstrand.

### Camp Jure, Makarska

**Karte D4 ■ Ivana Gorana Kovačića bb ■ +385 21 616 063 ■ www.kamp-jure.com ■ €**

Der große Campingplatz am Westrand der Stadt liegt am langen Kiesstrand von Makarska. Tamarisken sorgen für wohltuenden Schatten. Camp Jure eignet sich zum Gleitschirmfliegen und für andere Strandsportarten. Ins Zentrum von Makarska benötigt man zu Fuß ungefähr 20 Minuten.

### Camp Vira, Hvar-Stadt

**Karte C4 ■ Vira ■ +385 21 750 900 ■ Okt – Apr geschl. ■ www.campvira.com ■ €**

Camp Vira liegt an einer ruhigen Bucht, vier Kilometer von Hvar-Stadt entfernt. Der schöne Kiesstrand eignet sich ausgezeichnet zum Baden, zum Sonnen und für diverse Freizeitaktivitäten. Die Stellplätze befinden sich auf einem von Pinien bestandenen, terrassierten Hang. Zum Platz gehört auch ein gemütliches Lokal. Kajaks können geliehen werden.

### Camp Riviera, Makarska

**Karte D4 ■ Roseto degli Abruzzi 10 ■ +385 21 549 542 ■ www.campriviera.eu ■ €**

Camp Riviera bietet das Beste aus zwei Welten: Es liegt in einem ruhigen Pinienwald in der Nähe des Strandes und ist nur zwei Kilometer vom Zentrum Makarskas entfernt. Der Platz verfügt über 120 Stellplätze und eine Bar mit Speisen und Getränken.

### Port 9 Campsite by Aminess, Korčula-Stadt

**Karte E5 ■ Dubrovačka cesta 19 ■ +385 20 726 801 ■ Okt – Mai geschl. ■ www.aminess-campsites.com ■ €**

Der Campingplatz liegt etwa zwei Kilometer vom historischen Zentrum von Korčula-Stadt und rund 50 Meter vom Strand entfernt. Er bietet einen Laden, ein Restaurant und 124 Parzellen. Für Gäste unter zwölf Jahren gibt es Ermäßigungen, Parken kostet jedoch eine Extragebühr.

### Solitudo Sunny Camping, Dubrovnik

**Karte J8 ■ Vatroslava Lisinskog 60 ■ +385 52 465 010 ■ Nov – März geschl. ■ www.camping-adriatic.com ■ €**

Der einzige Campingplatz in Dubrovnik liegt auf der bewaldeten Halbinsel Babin Kuk, zehn Minuten von der Altstadt entfernt. Von hier aus kann man Süd-Dalmatien hervorragend erkunden. Die Stellplätze liegen im Schatten von Kiefern und es stehen auch Wohnwagen zur Verfügung. WLAN ist frei.

**Preiskategorien siehe S. 112**

# Textregister

**Fett** gedruckte Seitenzahlen beziehen sich auf Haupteinträge.

# Bildnachweis & Impressum

## Autoren

**Robin und Jenny McKelvie** aus Schottland haben über 70 Länder bereist und Beiträge für Reiseführer über Kroatien, Lettland, Slowenien und Dubai verfasst.

Unser Dank gilt der Kroatischen Zentrale für Tourismus, besonders Andrea Petrov und Renata Dezeljin in Zagreb sowie Josip Lozić in London. Wir danken außerdem Zrinka Marinović und Nikolina Vicelić von Adriatic Luxury Hotels in Dubrovnik.

**Mitautor** Jonathan Bousfield

## DK London

**Lektorat**
Georgina Dee, Vivien Antwi, Sophie Adam, Michelle Crane, Rachel Fox, Cincy Jose, Alison McGill, Sally Schafer, Sands Publishing Solutions, Natasa Novakovic, Hilary Bird

**Überarbeitete Neuauflage**
Ashif, Hansa Babra, Parnika Bagla, Stuti Tiwari Bhatia, Sumita Khatwani, Taiyaba Khatoon, Shikha Kulkarni, Natasa Novakovic, Bandana Paul, Vagisha Pushp, Anuroop Sanwalia, Beverly Smart, Manjari Thakur, Priyanka Thakur, Tanveer Zaidi

**Gestaltung und Bildredaktion**
Phil Ormerod, Tessa Bindloss, Richard Czapnik, Bhavika Mathur, Marisa Renzullo, Jason Little, Susie Peachey, Ellen Root, Lucy Sienkowska, Oran Tarjan

**Umschlaggestaltung**
Bess Daly, Maxine Pedliham

**Kartografie**
Suresh Kumar, Casper Morris, Reetu Pandey

**Herstellung**
Luca Bazzoli

**Illustrationen**
Chapel Design & Marketing

**Zusätzliche Fotos**
Lucio Rossi, Tony Souter

**Erstauflage**
DP Services, eine Abteilung der Duncan Petersen Publishing Ltd.

## Bildnachweis

o = oben; u = unten; m = Mitte; l = links; r = rechts

DK bedankt sich bei folgenden Personen und Institutionen für die freundliche Erlaubnis zur Reproduktion ihrer Fotografien:

**123RF.com** Andrey Bodrov 71u.

**4Corners** Justin Foulkes 1.

**Adio Mare, Korčula** 57ol.

**Alamy Stock Photo** The Art Archive/Gianni Dagli Orti 33ul; Ivan Batinic 22ur; Stephen Coyne 94ol; DustyDingo 54o; Alexei Fateev 95or; funkyfood London – Paul Williams 6mr, 24–25; Ian Furniss 62ul; hemis.fr/Rene Mattes 47or; imageBROKER/Günter Flegar 2or, 38–39, Günter Lenz 47ml; Ingolf Pompe 41o; Bjanka Kadic 46ol, 96m; Justin Kase zsixz 60or; LatitudeStock 98mlo; Nino Marcutti 52ur, 91mr; Itsik Marom 58or; Odyssey-Images 51ml; Panama 40um; photisca 51or; Pixel 8 21ol; Dave Porter 21ul; Bart Pro 52ol; Michael Robertson 55or; traveler 4mr; Travelfile 4u, 35ul; V&A Images 40mr; Scott Wilson 8–9; ZUMA Press, Inc. 63ml; Piotr Zadroga 61or.

**AWL Images** Sabine Lubenow 53ml.

**Baletna Škola** 93mr.

**Bugenvila, Cavtat** 56ol.

**Club Lazareti** Fjaka 73mr.

**Corbis** Bettmann 33ml.

**D'Vino** 74ol.

**Dorling Kindersley** Mit freundlicher Genehmigung der Galerija Meštrović, Muzeji Ivana Meštrovića/Lucio Rossi 46mu.

**Dreamstime.com** Ailenn 68m; Mila Atkovska 15mru; Baloncici 10ml; Artur Bogacki 69ol; Olena Buyskykh 10mlo; Ccat82 4ml; Mario Čehulić 86ol; Marilyn Ching 96u; Daniel M. Cisilino 11mru, 12m, 14mlo, 14–15, 67or; Sorin Colac 2ol; Andras Csontos 7ol; Dbajurin 78ul; Dreamer4787 66mr; Donyanedomam 11ul; Stefano Ember 11mro; Luisa Vallon Fumi 28mlo; Artur Gabrysiak 14ul; Janos Gaspar 68u, 89ml; Inavanhateren 66mlo, 76ol, 81mr; Ivansmuk 59ml; Jarnogz 30ul; Jasmina 12–13, 13u, 36–37, 49ol, 50ur; Joymsk 29ul; Kemaltaner 30ur; Aleksandrs Kosarevs 12ul; Jan Krasa 26ur; Landd09 54ur, 60u; Lianem 90ol, 94mr; Lukaszimilena 7ur, 11ur, 36ur; Marcinknop 95ur; Mareticd 78or, 81ol; Marinv 55ml; Galina Mikhalishina 4mru; Evgeniya Moroz 34ul; Mrakhr 22mlu; Mtr 20–21; Nadtochiy 31ol; Nevenm 57or; Nightman1965 12mlo; Phant

10mru, 26–27; Saša Prijić 43mr; Reddogs 15mo; Rndmst 36ml, 44ol; Salajean 28ul; Sjankauskas 3or, 102–103; Nikolai Sorokin 11m, 61ml; Kiril Stanchev 88u; Paula Stanley 45om; Serghei Starus 84–85; Aleksandar Todorovic 27mru; Tuomaslehtinen 10ul, 20mlu, 48ml; Vesnyanka 37ur; Birute Vijeikiene 30–31m; Xbrchx 3ol, 11ol, 22–23, 26ml, 28–29, 31mr, 32o, 34–35, 42ol, 42u, 49u, 64–65, 77o, 79ml, 80u, 87or.

**Gaffe Pub** 74ur.

**Gaixa, Hvar** Damir Fabijanic 83ml.

**Getty Images** AFP PHOTO/Andrej Isakovic 53or; Archive Photos/Buyenlarge 41mlo; OGphoto 18–19.

**Hula Hula, Hvar-Stadt** Marko Delbello Ocepek 82ol.

**Korta Katarina Winery, Orebić** 100o.

**Kroatische Zentrale für Tourismus** Ivo Biocina 18mlo; Aleksandar Gospić 23mru; Studio Gobbo 32ul.

**Medusa** Tinka 72ul.

**Nautika** 56ur.

**Oyster & Sushi Bar Bota** 75mro.

**Punta Rata Beach, Brela** 90ur.

**Radisson Blu Resort & Spa, Split/The Door Bar** 92ur.

**Rex by Shutterstock** imageBROKER/Günter Flegar 50o; SIPA/CROPIX/Zvonimir Barisin 63or; SIPA PRESS 41mlu, 41ur.

**Robert Harding Picture Library** Gonzalo Azumendi 70ol; Gunter Flegar 97ml; LOOK Bildagentur der Fotografen/Konrad Wothe 87ur; Martin Moxter 18ul; Bernd Rohrschneider 45ul; Martin Siepmann 4mlu; Matthew Williams-Ellis 4mlo, 34mru.

**Smokvica** 92ol.

**Studio Magenta** Bakus 101mr.

**SuperStock** Mauritius/Wolfgang Weinhäupl 58ul; Prisma/Album 17ur.

**Trpanj, Fremdenverkehrsbüro** 99u.

**Uje** 59or.

## Umschlag

Vorderseite & Buchrücken: **4Corners** Justin Foulkes.
Rückseite: **AWL Images** Doug Pearson or; **Dreamstime.com** Oriontrail mlo, Rudi1976 mru, Xbrchx ol.

## Extrakarte

**4Corners** Justin Foulkes.

Alle anderen Bilder © Dorling Kindersley.
Weitere Informationen unter
**www.dkimages.com**

**Titel der englischen Originalausgabe**
*DK Eyewitness Top 10 Dubrovnik and the Dalmatian Coast*
© Dorling Kindersley Limited, London, 2006, 2022
Ein Unternehmen der
Penguin Random House Group
Alle Rechte vorbehalten

Text © by Robin & Jenny McKelvie

© der deutschsprachigen Ausgabe by Dorling Kindersley Verlag GmbH, München, 2007, 2023
Ein Unternehmen der
Penguin Random House Group
Alle deutschsprachigen Rechte vorbehalten

**Aktualisierte Neuauflage 2023/2024**

Jegliche – auch auszugsweise – Verwertung, Wiedergabe, Vervielfältigung oder Speicherung, ob elektronisch, mechanisch, durch Fotokopie oder Aufzeichnung, bedarf der vorherigen schriftlichen Genehmigung durch den Verlag.

**Verlagsleitung** Monika Schlitzer
**Programmleitung** Heike Faßbender
**Redaktionsleitung** Stefanie Franz
**Projektbetreuung** Theresa Fleichaus
**Herstellungskoordination** Antonia Wiesmeier

**Covergestaltung** Roman Bold & Black, Köln
**Übersetzung** Barbara Rusch, München
**Redaktion** Bernhard Lück, Augsburg
**Schlussredaktion** Philip Anton, Köln

**Satz & Produktion** DK Verlag
**Druck** Vivar Printing, Malaysia

**ISBN 978-3-7342-0725-9**
**7 8 9 10 11 26 25 24 23**

**www.dk-verlag.de**

# Sprachführer

## Aussprache

c – »tz« wie in Katze
ć – »tch« wie in Brötchen
j – »j« wie in ja
š – »sch« wie in Schuh
č – »tsch« wie Matsch
đ – sehr weiches »dj«
ž – wie das französische »j« in Jacques

## Im Notfall

| | |
|---|---|
| Hilfe! | **Pomoć!** |
| Halt! | **Stani!** |
| Rufen Sie einen Arzt! | **Zovite doktora!** |
| Rufen Sie einen Krankenwagen! | **Zovite hitnu pomoć!** |
| Rufen Sie die Polizei! | **Zovite policiju!** |
| Rufen Sie die Feuerwehr! | **Zovite vatrogasce!** |

## Grundwortschatz

| | |
|---|---|
| Ja | **da** |
| Nein | **ne** |
| Bitte | **molim vas** |
| Danke | **hvala** |
| Entschuldigen Sie, bitte | **oprostite** |
| Guten Tag | **dobar dan** |
| Auf Wiedersehen | **doviđenja** |
| Gute Nacht | **laku noć** |
| gestern | **jučer** |
| heute | **danas** |
| morgen | **sutra** |
| hier | **tu** |
| dort | **tamo** |
| Was? | **što?** |
| Wann? | **kada?** |
| Warum? | **zašto?** |
| Wo? | **gdje?** |

## Nützliche Redewendungen

| | |
|---|---|
| Wie geht es Ihnen? | **Kako ste?** |
| Sehr gut, danke. | **Dobro, hvala.** |
| Wo ist/sind …? | **Gdje je/su…?** |
| Wie komme ich zu …? | **Kako mogu doći do…?** |
| Sprechen Sie Deutsch? | **Govorite li njemački?** |
| Ich verstehe nicht. | **Ne razumijem.** |
| Könnten Sie bitte etwas langsamer sprechen? | **Molim vas, možete li govoriti sporije?** |
| Entschuldigung | **Žao mi je** |

## Nützliche Wörter

| | |
|---|---|
| groß | **veliko** |
| klein | **malo** |
| heiß | **vruć** |
| kalt | **hladan** |
| gut | **dobar** |
| schlecht | **loš** |
| geöffnet/offen | **otvoreno** |
| geschlossen | **zatvoreno** |
| links | **lijevo** |
| rechts | **desno** |
| geradeaus | **ravno** |
| in der Nähe | **blizu** |
| weit/entfernt | **daleko** |
| oben | **gore** |
| unten | **dolje** |
| früh | **rano** |
| spät | **kasno** |
| Eingang | **ulaz** |
| Ausgang | **izlaz** |
| Toilette | **WC** |
| mehr | **više** |
| weniger | **manje** |

## Shopping

| | |
|---|---|
| Wie viel kostet das? | **Koliko ovo košta?** |
| Ich hätte gern … | **Volio bih…** |
| Haben Sie …? | **Imate li…?** |
| Ich sehe mich nur um. | **Samo gledam.** |
| Nehmen Sie Kreditkarten? | **Primate li kreditne kartice?** |
| Wann öffnen Sie? | **Kad otvarate?** |
| Wann schließen Sie? | **Kad zatvarate?** |
| dieses | **ovaj** |
| jenes | **onaj** |
| teuer | **skupo** |
| preiswert | **jeftino** |
| Größe (Kleidung) | **veličina** |
| Größe (Schuhe) | **broj** |
| weiß | **bijelo** |
| schwarz | **crno** |
| rot | **crveno** |
| gelb | **žuto** |
| grün | **zeleno** |
| blau | **plavo** |
| Apotheke | **apoteka** |
| Bäckerei | **pekara** |
| Bank | **banka** |
| Buchladen | **knjižara** |
| Fischgeschäft | **ribarnica** |
| Friseur | **frizer** |
| Konditorei | **slastičarna** |
| Markt | **tržnica** |
| Metzger | **mesnica** |
| Post | **pošta** |
| Zeitungs-/Tabakladen | **trafika** |

## Sehenswürdigkeiten

| | |
|---|---|
| Kunstgalerie | **galerija umjetnina** |
| Kathedrale | **katedrala** |
| Kirche | **crkva** |
| Bibliothek | **knjižnica** |
| Museum | **muzej** |
| Information | **turistički ured** |
| Bushaltestelle | **autobusni kolodvor** |
| Bahnhof | **željeznički kolodvor** |

## Im Hotel

| | |
|---|---|
| Haben Sie ein Zimmer frei? | **Imate li sobu?** |
| Doppelzimmer | **dvokrevetna soba** |
| Einzelzimmer | **jednokrevetna soba** |
| Zimmer mit Bad | **soba sa kupaonicom** |
| Dusche | **tuš** |
| Ich habe reserviert. | **Imam rezervaciju.** |

## Im Restaurant

| | |
|---|---|
| Haben Sie einen Tisch für … Personen? | **Imate li stol za…?** |
| Ich möchte einen Tisch reservieren. | **Želim rezervirati stol.** |
| Die Rechnung, bitte. | **Molim vas, račun.** |
| Ich bin Vegetarier. | **Ja sam vegeterijanac.** |
| Kellner/Kellnerin | **konobar/ica** |
| Speisekarte | **jelovnik** |
| Weinkarte | **vinska karta** |
| Glas | **čaša** |
| Flasche | **boca** |
| Messer | **nož** |
| Gabel | **viljuška** |
| Löffel | **žlica** |
| Frühstück | **doručak** |
| Mittagessen | **ručak** |
| Abendessen | **večera** |
| Hauptgericht | **glavno jelo** |
| Vorspeisen | **predjela** |

## Auf der Speisekarte

| | |
|---|---|
| **bijela riba** | »weißer« Fisch |
| **blitva** | Rote Bete |
| **brudet** | Fischeintopf |
| **čevapčići** | Fleischbällchen |
| **crni rižot** | schwarzes Risotto (mit Tintenfisch) |
| **desert** | Nachspeise |
| **glavno jelo** | Hauptgericht |
| **grah** | Bohnen |
| **gulaš** | Gulasch |
| **jastog** | Hummer |
| **juha** | Suppe |
| **kuhano** | gekocht |
| **maslinovo ulje** | Olivenöl |
| **meso na žaru** | gegrilltes Fleisch |
| **miješano meso** | Grillteller |
| **na žaru** | gegrillt |
| **ocat** | Essig |
| **palačinke** | Pfannkuchen |
| **papar** | Pfeffer |
| **pečeno** | gebacken |
| **piletina** | Hühnchen |
| **plava riba** | gekochter Fisch |
| **predjelo** | Vorspeisen |
| **prilog** | Beilagen |
| **pršut** | Räucherschinken |
| **pržene lignje** | gebratener Tintenfisch |
| **prženo** | gebraten |
| **ramsteak** | Rumpsteak |
| **ražnjići** | Fleischspieße |
| **riba na žaru** | gegrillter Fisch |
| **rižot frutti di mare** | Meeresfrüchte-Risotto |
| **rižot sa škampima** | Scampi-Risotto |
| **salata** | Salat |
| **salata od hobotnice** | Tintenfischsalat |
| **sarma** | Kohlblätter |
| **sir** | Käse |
| **škampi na buzaru** | Scampi in Tomatensauce |
| **školjke na buzaru** | Meeresfrüchte in Tomatensauce |
| **sladoled** | Eiscreme |
| **slana srdela** | eingelegte Sardinen |
| **špageti frutti di mare** | Spaghetti mit Meeresfrüchten |
| **sol** | Salz |
| **tjestenina** | Pasta gefüllt mit Fleisch u. Reis |
| **ulje** | Öl |

## Getränke

| | |
|---|---|
| **bijelo vino** | Weißwein |
| **crno vino** | Rotwein |
| **gazirana/ negazirana mineralna voda** | Mineralwasser mit/ohne Kohlensäure |
| **čaj** | Tee |
| **kava** | Kaffee |
| **pivo** | Bier |

## Zahlen

| | |
|---|---|
| 0 | **nula** |
| 1 | **jedan** |
| 2 | **dva** |
| 3 | **tri** |
| 4 | **četiri** |
| 5 | **pet** |
| 6 | **šest** |
| 7 | **sedam** |
| 8 | **osam** |
| 9 | **devet** |
| 10 | **deset** |
| 11 | **jedanaest** |
| 12 | **dvanaest** |
| 13 | **trinaest** |
| 14 | **četrnaest** |
| 15 | **petnaest** |
| 16 | **šestnaest** |
| 17 | **sedamnaest** |
| 18 | **osamnaest** |
| 19 | **devetnaest** |
| 20 | **dvadeset** |
| 30 | **trideset** |
| 40 | **četrdeset** |
| 50 | **pedeset** |
| 60 | **šezdeset** |
| 70 | **sedamdeset** |
| 80 | **osamdeset** |
| 90 | **devedeset** |
| 100 | **sto** |
| 101 | **sto i jedan** |
| 200 | **dvjesto** |
| 500 | **petsto** |
| 700 | **sedamsto** |
| 900 | **devetsto** |
| 1000 | **tisuću** |

## Zeit

| | |
|---|---|
| eine Minute | **jedan minuta** |
| eine Stunde | **jedan sat** |
| eine halbe Stunde | **pola sata** |
| Montag | **ponedjeljak** |
| Dienstag | **utorak** |
| Mittwoch | **srijeda** |
| Donnerstag | **četvrtak** |
| Freitag | **petak** |
| Samstag | **subota** |
| Sonntag | **nedjelja** |

# Kartenregister Zentral- & Süd-Dalmatien



# Kartenregister Dubrovnik